T0198715

essentials

essentials liefern aktuelles Wissen in konzentrierter Form. Die Essenz dessen, worauf es als „State-of-the-Art" in der gegenwärtigen Fachdiskussion oder in der Praxis ankommt. *essentials* informieren schnell, unkompliziert und verständlich

- als Einführung in ein aktuelles Thema aus Ihrem Fachgebiet
- als Einstieg in ein für Sie noch unbekanntes Themenfeld
- als Einblick, um zum Thema mitreden zu können

Die Bücher in elektronischer und gedruckter Form bringen das Expertenwissen von Springer-Fachautoren kompakt zur Darstellung. Sie sind besonders für die Nutzung als eBook auf Tablet-PCs, eBook-Readern und Smartphones geeignet. *essentials:* Wissensbausteine aus den Wirtschafts-, Sozial- und Geisteswissenschaften, aus Technik und Naturwissenschaften sowie aus Medizin, Psychologie und Gesundheitsberufen. Von renommierten Autoren aller Springer-Verlagsmarken.

Weitere Bände in der Reihe http://www.springer.com/series/13088

Lorenz Schlotter · Philipp Hubert

Generation Z – Personalmanagement und Führung

21 Tools für Entscheider

Lorenz Schlotter
Schlotter HR-Beratung
Stuttgart, Deutschland

Philipp Hubert
Psychologe und Berater
Augsburg, Deutschland

ISSN 2197-6708   ISSN 2197-6716   (electronic)
essentials
ISBN 978-3-658-31249-7   ISBN 978-3-658-31250-3   (eBook)
https://doi.org/10.1007/978-3-658-31250-3

Die Deutsche Nationalbibliothek verzeichnet diese Publikation in der Deutschen Nationalbiblio-
grafie; detaillierte bibliografische Daten sind im Internet über http://dnb.d-nb.de abrufbar.

© Der/die Herausgeber bzw. der/die Autor(en), exklusiv lizenziert durch Springer Fachmedien
Wiesbaden GmbH, ein Teil von Springer Nature 2020
Das Werk einschließlich aller seiner Teile ist urheberrechtlich geschützt. Jede Verwertung, die
nicht ausdrücklich vom Urheberrechtsgesetz zugelassen ist, bedarf der vorherigen Zustimmung
des Verlags. Das gilt insbesondere für Vervielfältigungen, Bearbeitungen, Übersetzungen,
Mikroverfilmungen und die Einspeicherung und Verarbeitung in elektronischen Systemen.
Die Wiedergabe von allgemein beschreibenden Bezeichnungen, Marken, Unternehmensnamen
etc. in diesem Werk bedeutet nicht, dass diese frei durch jedermann benutzt werden dürfen. Die
Berechtigung zur Benutzung unterliegt, auch ohne gesonderten Hinweis hierzu, den Regeln des
Markenrechts. Die Rechte des jeweiligen Zeicheninhabers sind zu beachten.
Der Verlag, die Autoren und die Herausgeber gehen davon aus, dass die Angaben und
Informationen in diesem Werk zum Zeitpunkt der Veröffentlichung vollständig und korrekt
sind. Weder der Verlag, noch die Autoren oder die Herausgeber übernehmen, ausdrücklich oder
implizit, Gewähr für den Inhalt des Werkes, etwaige Fehler oder Äußerungen. Der Verlag bleibt
im Hinblick auf geografische Zuordnungen und Gebietsbezeichnungen in veröffentlichten Karten
und Institutionsadressen neutral.

Planung/Lektorat: Ann-Kristin Wiegmann
Springer Gabler ist ein Imprint der eingetragenen Gesellschaft Springer Fachmedien Wiesbaden
GmbH und ist ein Teil von Springer Nature.
Die Anschrift der Gesellschaft ist: Abraham-Lincoln-Str. 46, 65189 Wiesbaden, Germany

Was Sie in diesem *essential* finden können

- Expertenwissen zum Thema Generation Z.
- Aktuelle und wissenschaftlich fundierte Tools.
- Praxisorientierte Ideen.
- Beispiele, die Ihnen beim Umsetzen helfen.

Inhaltsverzeichnis

Über die Autoren

Lorenz Schlotter ist Wirtschaftssoziologe (M.A.) und HR-Berater. Er hilft Arbeitgebern dabei, junge Fachkräfte und Experten effektiver zu gewinnen, binden und zu führen. Als Keynote-Speaker spricht er darüber, wie junge Generationen die Arbeitswelt verändern und welche gesellschaftlichen Entwicklungen dahinterstecken. Mit seiner bundesweiten Studienreihe Generationenkompass, die er regelmäßig in Kooperation mit Hochschulen und Unternehmen erstellt, untersucht er die Ansichten junger Generationen und findet damit Lösungen für zeitgemäßes Personalmanagement und moderne Führung. Mehr unter www.lorenz-schlotter.com.

 **Philipp Hubert** ist Psychologe (M.Sc.) und Berater für Arbeitspsychologie und psychische Gesundheit in Organisationen. Er unterstützt Arbeitgeber darin, eine gesunde und leistungsfördernde Kultur zu entwickeln. Seine Praxisnähe in Beratung und Trainings verbindet er mit eigenen Forschungen zu den Themen Gesundheit, soziale Identität und Organisationskultur, zu denen er an der JLU Gießen promoviert. www.philipp-hubert.de.

Diese Buchidee entsprang dem gemeinsamen Eindruck, dass bestehende Literatur zum Thema Generation Z oftmals keine konkreten Handlungsanleitungen bietet und von unwissenschaftlichen Behauptungen begleitet wird. Deshalb haben wir diesen kompakten und praxisnahen Ratgeber zum Thema Generation Z geschrieben – psychologisch, wirtschaftssoziologisch und betriebswirtschaftlich fundiert.

Wir wünschen Ihnen viel Spaß und freuen uns auf Ihre Rückmeldung und Anregungen.

Einleitung 1

1.1 Warum lohnt es sich, über diese Generation ein Buch zu lesen?

1. Die Generation Z stellt die Arbeitnehmer der Zukunft
Insgesamt 12 Mio. Vertreter der Generation Z werden in einigen Jahren vollständig in den deutschen Arbeitsmarkt integriert sein und Einfluss auf unsere Arbeitskultur nehmen.

2. Die Generation Z ist ein Wegweiser für die Arbeitswelt der Zukunft
Was die Jugendlichen und jungen Erwachsenen heute von Arbeitgebern einfordern, schafft neue Standards und zeigt, welche Anforderungen in Zukunft generationenübergreifend an Bedeutung gewinnen. Das hat sich bereits bei der Vorgängergeneration, der Generation Y, gezeigt. Deren Forderungen nach Homeoffice und Sabbatical sind heute weit verbreitet.

3. Der Arbeitsmarkt der 2020er Jahre zwingt Arbeitgeber dazu, sich intensiv mit den Bedürfnissen der Generation Z zu befassen
Die Anzahl der Erwerbstätigen in Deutschland sinkt. Aktuellen Berechnungen zufolge werden dem deutschen Arbeitsmarkt voraussichtlich 2025 bereits 2 bis 4,6 Mio. Fachkräfte fehlen. Der Arbeitsmarkt wandelt sich vom Arbeitgeber- zum Arbeitnehmermarkt und damit wird Personal zur Engpassressource, die eine neue Herangehensweise erfordert.

4. Junge Mitarbeiter sorgen für Veränderung und Innovation
Für gestandene Mitarbeiter der älteren Generationen sind grundlegende Veränderungen mit erheblichen Anstrengungen verbunden. Wieso ändern, was sich

© Der/die Herausgeber bzw. der/die Autor(en), exklusiv lizenziert durch
Springer Fachmedien Wiesbaden GmbH, ein Teil von Springer Nature 2020
L. Schlotter und P. Hubert, *Generation Z – Personalmanagement und Führung*,
essentials, https://doi.org/10.1007/978-3-658-31250-3_1

in der Vergangenheit bewährt hat? Warum sich aus der Komfortzone heraus-
bewegen, die man sich über viele Jahre hart erarbeitet hat? Für junge Mitarbeiter sind Veränderungen willkommen. Lässt man sie, werden sie automatisch
bestehende Strukturen hinterfragen und diese dem Zeitgeist anpassen.

5. Die Generation Z fordert einen neuen Führungsstil ein
Unnahbare Chefs, die mit dem teuren Firmenwagen vorfahren und damit
prahlen, wie beschäftigt sie sind – das wirkt nicht auf die Generation Z. Autoritäre Führungsstrukturen und Kommunikation von oben herab werden diese
Generation nicht motivieren oder beeindrucken.

Mit diesem Buch wollen wir Ihnen dabei helfen zu verstehen, wie die Jugendlichen und jungen Erwachsenen der Generation Z geprägt sind und was sie als
wichtig erachten. Möglicherweise sind Sie im Personalmanagement tätig und
möchten wissen, wie Sie zukünftig junge Fachkräfte am besten für sich gewinnen
können. Oder Sie haben als Führungskraft mit der Generation Z zu tun und
wollen ihre jungen Mitarbeiter besser verstehen. Unser Buch „21 Tools zum
Umgang mit der Generation Z" soll ein praktischer Begleiter in Ihrem Arbeitsalltag sein und Sie für die Lebenswelt der Generation Z sensibilisieren.

Unsere Tools sind entlang des üblichen Personalprozesses aufgebaut und deshalb in folgende fünf verschiedene Kategorien aufgeteilt:

1. Emotionen wecken
2. Suchen, finden, einstellen
3. Gemeinsam starten
4. Führen
5. Kultivieren

1.2   Eine Übersicht über die verschiedenen Generationen am Arbeitsplatz

Die Jugend ist die Zeit, in der wir in der Regel am nachhaltigsten geprägt werden.
In dieser Lebensphase beginnen wir damit, uns bewusst mit unserer Umwelt und
den kulturellen, sozialen, wirtschaftlichen und ökologischen Lebensbedingungen

auseinanderzusetzen.[1] Auch unser Gehirn ändert sich: Neuronale Strukturen und damit Verhalten und Denkmuster fangen an, sich zu verfestigen.[2] Dadurch entwerfen wir ein Lebenskonzept und Wertvorstellungen, die für das restliche Leben Ausgangspunkt neuer Erfahrungen sind. Kurzum: In der Jugend entwickelt der Mensch einen großen Teil seines Charakters. Diese sogenannte Sozialisationsphase ist bei jeder Generation eine andere. Demnach werden auch alle Generationen auf ihre ganz eigene Art und Weise geprägt. Überlegen Sie einmal kurz für sich: Was hat Sie während Ihrer Jugend geprägt?

In der Arbeitswelt unterscheiden sich die Generation gerade aufgrund ihrer individuellen Prägungen in deren Ansichten und Verhalten.[3] Das zeigt sich z. B. in der Einstellung zu Arbeit, in der Wahrnehmung von Stress, im Streben nach Selbstentfaltung oder in den Ansprüchen an Führung.[4] Sinnbildlich lässt sich das an folgendem Beispiel beobachten: Ein Berufsanfänger der Generation Z mit dem Glaubenssatz *„Ich bin neu hier, habe viele Ideen und möchte von Beginn an als eigenständiger Mensch mit beruflichen und privaten Interessen wahrgenommen werden"* trifft auf seine Führungskraft der Generation X, die sagt: *„Hier wartet niemand auf dich. Zeig erstmal, ob du belastbar bist. Dann reden wir weiter."*

Der eine wurde in den 80er Jahren geprägt, der andere in den späten 2000er Jahren. Klar ist, dass es gerade dadurch auf natürliche Art und Weise Unterschiede zwischen den beiden gibt.

In Abb. 1.1 sehen Sie einen Überblick über die Jahrgänge unserer Generationen in Deutschland und durch welche Werte, Glaubenssätze und Erziehungsstile sie geprägt wurden.

---

[1]Hurrelmann, K., & Ullrich, B. (2015). *Einführung in die Sozialisationstheorie*. Weinheim Basel: Beltz Verlag.

[2]Konrad, K., Firk, C., & Uhlhaas, P. J. (2013). Brain Development During Adolescence. *Deutsches Aerzteblatt Online*. https://doi.org/10.3238/arztebl.2013.0425.

[3]Joshi, A., Dencker, J. C., & Franz, G. (2011). Generations in organizations. *Research in Organizational Behavior, 31*, 177–205. https://doi.org/10.1016/j.riob.2011.10.002.

[4]Engelhardt, M., & Engelhardt, N. (2019). Wie tickst du? Wie ticke ich? Bern: hep Verlag ag.

	Babyboomer	Generation X	Generation Y	Generation Z
Jahrgänge	1950-1965	1965-1980	1981-1995	1996-2010
Anteil an der deutschen Erwerbsbevölkerung (Statistisches Bundesamt, 2020)	23,5%	36,4%	30,6%	9,5%
Erziehung (Eschner, 2017)	Autoritäre Erziehung (Durchschnittlich viele Kinder, sind nicht Lebensmittelpunkt und Sinnstifter von Familien)	Wichtiger Wert in der Erziehung: Selbstbestimmung	Selbstbestärkende und ressourcenorientierte Erziehung	Eltern sind Sparringspartner und Berater, Erziehung auf Augenhöhe
Werte (Deth, 2001)	Traditionen verlieren langsam an Bedeutung / Gesellschaftliche Konventionen üben noch sozialen Druck aus	Fokus verschiebt sich von der Gemeinschaft auf das Individuum	Verlangen nach individueller Selbstverwirklichung	Sicherheitsbedacht / Nachhaltigkeit: Starke Politisierung z.B. im Rahmen von *Fridays for Future*
Prägung durch Zeitgeist	Sozialer Aufstieg	Wohlstand und stark materialistische Fokussierung	Wachsende Optionenvielfalt durch das Internet	Sicherheit durch materiellen Wohlstand
Glaubenssatz in der Arbeitswelt (Engelhardt & Engelhardt, 2019)	**Anpassungsfähig sein:** Haben gelernt, sich in eine bestehende soziale Ordnung einzufügen. **Einer von vielen sein:** Zugehörigkeit zur "Generation der Vielen" - wo man hinkam, waren immer schon „die anderen"	**Karriere und Statussymbole sind von großer Bedeutung** Wohlstand erlaubt zunehmenden Fokus auf individuelle Bedürfnisse	**Hinterfragen traditioneller beruflicher Vorstellungen** Forderung nach Homeoffice, Work-Life-Balance und Sabbaticals	**Enge und persönliche Beziehungen am Arbeitsplatz** Aufwachsen in Wohlstand, Sicherheit und einer guten Arbeitsmarktsituation.

Abb. 1.1 Übersicht Generationen am Arbeitsplatz. (Quellen: Statistisches Bundesamt (2020). Erwerbstätige nach Altersgruppen. Retrieved from https://www.destatis.de/DE/Themen/Arbeit/Arbeitsmarkt/Erwerbstaetigkeit/FAQ/altersgruppen.html; Eschner, C. (2017). *Erziehungskonzepte im Wandel*. Wiesbaden: Springer Fachmedien Wiesbaden. https://doi.org/10.1007/978-3-658-16915-2; Deth, J. (2001). Wertewandel im internationalen Vergleich. Ein deutscher Sonderweg? Aus Politik Und Zeitgeschichte: APuZ, 51(B 29), 23–30)

Emotionen wecken 2

2.1 Tool 1: Warum HR verkaufen lernen muss

Der Arbeitsmarkt wird sich in den nächsten Jahren auf drastische Weise verändern. In den 1960er Jahren war die Geburtenrate nahezu doppelt so hoch wie in den 2000er Jahren. Die Babyboomer-Generation[1] (Jahrgänge 1950–1964) stellt deshalb heute deutlich mehr Erwerbstätige auf unserem Arbeitsmarkt als jüngere Generationen. Da die Babyboomer bald vollständig in Rente sind, wird die Zahl der Erwerbspersonen bis 2030 um ca. zwei Millionen sinken.[2] Andere Prognosen rechnen sogar mit deutlich höheren Zahlen.[3] Einigkeit besteht jedoch darin, dass der Mangel primär im Bereich der hochqualifizierten Fachkräfte spürbar sein wird. Was demnach früher im Überfluss vorhanden war, wird in Zukunft zum Engpass werden. Deshalb spricht man auch vom *War For Talents*.

Auf dem Arbeitgebermarkt der Vergangenheit mussten sich Arbeitnehmer bei Arbeitgebern bewerben. Auf dem Arbeitnehmermarkt der Zukunft bewerben sich Arbeitgeber bei ihren Wunschkandidaten. Da die Generation Z die bislang

---

[1]Bundesinstitut für Bevölkerungsforschung. (2020). Zusammengefasste Geburtenziffern (durchschnittliche Kinderzahl je Frau) in europäischen Ländern, 1960 bis 2016. Retrieved from https://www.bib.bund.de/DE/Fakten/Fakt/F52-Zusammengefasste-Geburtenziffer-Europaab-1960.html;jsessionid=8F278F1352E0705CD25EA16B446F5F69.1_cid389?nn=9991998.

[2]Vogler-Ludwig, K., Düll, N., Kriechel, B., & Vetter, T. (2016). Wirtschaft und Arbeitsmarkt im digitalen Zeitalter Prognose 2016_2016. Retrieved from https://www.bmas.de/SharedDocs/Downloads/DE/PDF-Meldungen/2016/arbeitsmarktprognose-2030.pdf;jsessionid=E7006F2B10135FB431F10EA935EECFC6?__blob=publicationFile&v=2.

[3]KornFerry. (2018). *The Global Talent Crush*. Retrieved from https://www.kornferry.com/content/dam/kornferry/docs/article-migration/FOWTalentCrunchFinal_Spring2018.pdf.

© Der/die Herausgeber bzw. der/die Autor(en), exklusiv lizenziert durch Springer Fachmedien Wiesbaden GmbH, ein Teil von Springer Nature 2020
L. Schlotter und P. Hubert, *Generation Z – Personalmanagement und Führung*, essentials, https://doi.org/10.1007/978-3-658-31250-3_2

zahlenmäßig kleinste Generation in Deutschland ist, wird der Wettbewerb um gut ausgebildete Fachkräfte dieser Generation intensiv. Deshalb muss HR von Verkaufsexperten lernen.

Es ist wichtig für Sie zu wissen, dass sich junge Menschen, wie auf dem Produktmarkt für Produkte (z. B. Markenklamotten), auf dem Arbeitsmarkt nicht ausschließlich aus finanziellen Gründen für einen Arbeitgeber entscheiden. Tatsächlich wählen junge Bewerber ihren Arbeitgeber eher aufgrund der wahrgenommenen Arbeitskultur, des Arbeitsklimas und der Vielfältigkeit der Tätigkeiten und weniger wegen des Gehalts aus.[4] Diese „weichen Faktoren" gewinnen insbesondere dann an Bedeutung, wenn Sie keine überdurchschnittlichen Gehälter zahlen kann. Vor allem für Arbeitgeber, die sich im Wettbewerb um gute Fachkräfte eher schwertun, ist es fahrlässig, nicht für eine attraktive Außenwirkung zu sorgen. In vielen Tools unseres Buches bekommen Sie handfeste Schritte aufgezeigt, wie Sie diese weichen Faktoren fördern können. Eine grundlegende Sicht, die dabei immer mitschwingen sollte, ist die eines Verkäufers.

Nehmen Sie die Sicht eines Verkäufers ein und verinnerlichen Sie folgende Punkte

1. Ihre offenen Stellen sind Produkte, die Sie verkaufen.
2. Ihre Karriereseite ist ein Online-Shop.
3. Ihre Bewerber sind Ihre Kunden.

Wie können Sie Ihre bestehenden Strukturen evaluieren?
Nehmen Sie einen Perspektivwechsel vor. Beobachten Sie als fiktiver Interessent Ihre gesamte Außenwirkung. Stellen Sie sich folgende Fragen:
  „Wenn ich ein Interessent wäre...

- *..., würde ich mich dann von meiner Karriereseite angesprochen fühlen?*
- *..., könnte ich dann erkennen, wie das Arbeitsklima bei mir ist?*
- *..., würde ich dann etwas über meine Unternehmenskultur erfahren?*
- *..., würde ich dann meinen Bewerbungsprozess als sehr gut bewerten?*
- *..., hätte ich dann den Eindruck, dass die Arbeit und die Kollegen toll sind?"*

---

[4]Rampl, L. V. (2014). How to become an employer of choice: transforming employer brand associations into employer first-choice brands. *Journal of Marketing Management, 30*(13–14), 1486–1504. https://doi.org/10.1080/0267257X.2014.934903.

▶   Alternativ können Sie einen fachkundigen Dritten darum bitten, bei
     Ihnen die gesamte Außenwirkung zu evaluieren und kritisch zu hinter-
     fragen. Einer dritten Person, die nicht betriebsblind ist, wird mehr auf-
     fallen als Ihnen und Ihren Kollegen. Halten Sie danach Rücksprache
     über positive und negative Eindrücke. Damit bekommen Sie erste Hin-
     weise, was verbessert werden kann.

2.2   Tool 2: Sind Ihre Arbeitgeberleistungen überhaupt relevant?

Ein entscheidender Schritt, sich für die Generation Z als attraktiver Arbeitgeber
zu präsentieren, liegt darin zu wissen, welche Leistungen für die Zielgruppe wirklich von Bedeutung sind. Gewünschte Arbeitgeberleistungen sind nicht für alle
gleich, sondern unterscheiden sich nach Generationen und nach Lebensphasen.[5]
Je besser Ihre Leistungen zu den tatsächlichen Bedürfnissen der Generation
Z passen, desto höher fällt deren Zufriedenheit und Motivation aus.[6] Für die
Generation Z gibt es eine eindeutige Rangfolge, welche Leistungen attraktiv
sind.[7]

Abb. 2.1 ist ein Auszug der Studie Generationenkompass 2020. Die Pro-
zentangaben zeigen, wieviel Prozent der Befragten die jeweilige Leistung als
„Must-have" bewertet haben.

Sieht eine persönliche Rangliste Ihrer gewünschten Leistungen ähnlich aus?
Vermutlich nicht. Das liegt daran, dass jede Generation ihre eigenen Ansprüche
an Arbeitgeber stellt. Gehen Sie deshalb niemals davon aus, dass Ihre eigenen
Wünsche auch für andere Generationen gleichermaßen von Bedeutung sind. Oft
werden attraktive Leistungen nicht kommuniziert, weil sie den Verantwortlichen
als nicht erwähnenswert erscheinen. Achten Sie deshalb darauf, auch Leistungen
zu kommunizieren, die Ihnen als selbstverständlich erscheinen. Gerade die
„freie Internetnutzung" wird von kaum einem Arbeitgeber explizit nach außen
kommuniziert – dabei ist das für 43 % der Generation Z ein „Must-have".

---

[5]Gerlmaier, A., Gül, K., Hellert, U., Kämpf, T., & Latniak, E. (2016). *Praxishandbuch
lebensphasenorientiertes Personalmanagement*. Wiesbaden: Springer Fachmedien.

[6]Klonoski, R. (2016). Defining Employee Benefits: A Managerial Perspective. *International Journal of Human Resource Studies*, 6(2), 52. https://doi.org/10.5296/ijhrs.
v6i2.9314.

[7]Schlotter, L. (2020). *Generationenkompass 2020*. Augsburg.

Arbeitgeberleistung	Der Meinung, diese Leistung ist ein Must-Have…
Überstundenausgleich	81%
Flexible Arbeitszeiten	67%
Betriebliche Altersvorsorge	58%
Gute Anbindung an öffentliche Verkehrsmittel	57%
Freie Internetnutzung	43%
Coaching bzw. Persönlichkeitsentwicklung	41%
Kein Verbot privater Smartphonenutzung	38%
Kostenfreie Getränke	35%
Homeoffice	34%
Regelmäßige Mitarbeiterevents	30%
Kantine	24%
Kostenfreies Obst am Arbeitsplatz	20%
Eigener Firmenwagen	4%

Abb. 2.1 „Must-have"-Benefits für die Generation Z. (Quelle: Schlotter, L. (2020). Generationenkompass 2020. Augsburg)

2.3   Tool 3: Echte Geschichten erzählen

Die Generation Z steht Arbeitgeberwerbung kritisch gegenüber. Sie hat durch intensive Internetnutzung Routinen entwickelt, Inhalte sehr schnell in ihrer Relevanz und Glaubwürdigkeit zu bewerten. Werbung wird vor allem dann wahrgenommen, wenn sie als „echt" eingestuft und auf Augenhöhe wahrgenommen wird.[8] Arbeitgebermarketing und Employer Branding sollte deshalb für die Generation Z möglichst glaubwürdig gestaltet werden. Das schaffen Sie so:

Kommunizieren Sie nachweisbare Fakten, wie …
- …Auszeichnungen und Siegel, die zeigen, dass Sie ein guter Arbeitgeber sind.
- …interessante Zahlen über Ihr Unternehmen: z. B. Anzahl erfolgreich abgeschlossener Projekte im Vorjahr, Anzahl der Kunden, Anzahl der Mitarbeiter, Anzahl der Standorte, Anzahl an Maschinen und Werkzeugen, Anzahl der versandten Mails im Jahr. Seien Sie kreativ!
- …soziales und ökologisches Engagement.

---

[8]Stroer. (2019). *Code to Teens*. Köln. Retrieved from https://www.stroeer.de/fileadmin/de/Blog/2019/Knowledge/Code_to_Teens/Code_to_Teens_2019.pdf.

Zeigen Sie alltägliche Situationen visuell

Aufgewachsen mit Youtube, Netflix und Instagram kommen der Generation Z visuell verpackte Botschaften sehr entgegen: Nutzen Sie deshalb mehr Bilder und weniger Text, wenn Sie z. B. auf sozialen Netzwerken oder auf Ihrer Karriereseite kommunizieren.

- Teilen Sie Bilder aus dem Arbeitsalltag. Beachten Sie dabei auch die Hinweise zu echt wirkenden Bildern aus Tool 4 in Abschn. 3.1.
- Teilen Sie Bilder und Videos vom Arbeitsalltag und von Mitarbeiterevents.

Wenn Sie Bilder von Kollegen veröffentlichen: Personalisieren Sie die Bilder mit Namen und ggf. Abteilung der Kollegen. Das wird als sympathisch und nahbar wahrgenommen und schließt aus, dass es sich um gekaufte Stockfotos handelt.

Managen Sie Erfahrungsberichte und Rezensionen auf Arbeitgeber-Bewertungsportalen

Seien Sie auf Arbeitgeber-Bewertungsportalen (Kununu, Glassdoor etc.) präsent. Reagieren Sie (vor allem bei negativen) Kommentaren aktiv: Indem Sie sich z. B. für ein Feedback bedanken und bei Kritik ein klärendes Gespräch anbieten. Das zeigt allen Usern, dass Sie sich für die Belange Ihrer Kandidaten kümmern.

Veröffentlichen Sie Erfahrungsberichte und Rezensionen von Mitarbeitern auf Ihrer Karriereseite

Veröffentlichen Sie solche Testimonials nur, wenn sie glaubhaft von realen Mitarbeitern der Generation Z[9] sind. Geben Sie Ihren GenZ-Kollegen vor, in eigenen Worten etwas über den Job oder den Arbeitgeber zu sagen, was der Realität entspricht. Veröffentlichen Sie Testimonials mit Bild, Name und Alter des Mitarbeiters.

---

[9]Burt, C. D. B., Halloumis, S. A., McIntyre, S., & Blackmore, H. S. (2010b). Using colleague and team photographs in recruitment advertisements: Effects on applicant attraction. *Asia Pacific Journal of Human Resources*. https://doi.org/10.1177/1038411109355358.

Grundlegend gilt Nutzen Sie primär Ihre eigene Karriereseite, um für sich zu werben. 93 % der Generation Z informieren sich über Arbeitgeber auf deren Homepage. Soziale Netzwerke werden deutlich seltener dafür verwendet, um sich über Arbeitgeber zu erkundigen als allgemein vermutet. Instagram wird z. B. nur von 7 % als Informationsquelle genutzt.[10]

---

[10]Schlotter, L. (2020). *Generationenkompass 2020*. Augsburg.

Suchen, finden, einstellen

3

3.1 Tool 4: Die Notwendigkeit einer durchdachten Stellenbeschreibung

Die Stellenanzeige ist mehr als eine Ansammlung von Bullet-Points und nüchternen Informationen. In der Psychologie weiß man um den sogenannten Primäreffekt, der besagt, dass der erste Eindruck besonders lange im Gedächtnis bleibt.[1] Man weiß auch, dass Inhalt und Gestaltung von Stellenanzeige und Karriereseite einen Einfluss auf die wahrgenommene Attraktivität eines Arbeitgebers haben.[2] Deshalb dient Ihre Stellenanzeige nicht nur der Information. Sie soll der Generation Z auch die Stelle und Sie als Arbeitgeber schmackhaft machen damit der erste Eindruck positiv im Gedächtnis verankert wird.

Konkretisieren Sie Ihre Beschreibung

- Stellen Sie Ihre Kandidaten in den Mittelpunkt und sprechen Sie sie direkt an (Du/Sie). Legen Sie den Fokus auf das, was Sie zu bieten haben, nicht auf das, was Sie fordern.

---

[1]Atkinson, R. C., & Shiffrin, R. M. (1968). Human Memory: A Proposed System and its Control Processes. *Psychology of Learning and Motivation – Advances in Research and Theory*. https://doi.org/10.1016/S0079-7421(08)60422-3.

[2]Pfieffelmann, B., Wagner, S. H., & Libkuman, T. (2010). Recruiting on corporate web sites: Perceptions of fit and attraction. *International Journal of Selection and Assessment*. https://doi.org/10.1111/j.1468-2389.2010.00487.x.

© Der/die Herausgeber bzw. der/die Autor(en), exklusiv lizenziert durch Springer Fachmedien Wiesbaden GmbH, ein Teil von Springer Nature 2020
L. Schlotter und P. Hubert, *Generation Z – Personalmanagement und Führung,* essentials, https://doi.org/10.1007/978-3-658-31250-3_3

- Nutzen Sie aktive und ansprechende Sprache: Vermeiden Sie Substantivierungen (Ung-Wörter) und verwenden Sie Verben. (Z. B.: „Du planst" statt „Planung"). Das wirkt ansprechender.
- Beschreiben Sie nicht nur die Tätigkeiten, sondern auch den übergeordneten Beitrag für die Organisation den die Tätigkeit schafft. Nutzen Sie dazu die Hinweise aus Tool 14 Abschn. 5.3.

Beispiel

Vertrieb
„Ohne dich würde kein Produkt das Unternehmen verlassen"

Sozialarbeiter
„Du prägst und begleitest Jugendliche in den entscheidenden Entwicklungsjahren und kannst sie für ihr gesamtes Leben positiv beeinflussen"

Bäcker
„Du bist nicht nur ein Zahnrad in einem Produktionsprozess – du kreierst das gesamte Produkt von Anfang bis Ende" ◀

- Geben Sie sich Mühe, Ihre Stelle spezifisch zu beschreiben – je genauer, desto positiver wird sie von Ihren Interessenten bewertet.[3] Beschreiben Sie anhand von konkreten Beispielen, Zahlen und Mitarbeitertestimonials, was Sie zu bieten haben und was Sie fordern.[4] Verzichten Sie auf typische Worthülsen. Beispiele dafür finden Sie in Abb. 3.1 und 3.2.

Werben Sie mit authentischen Fotos Ihrer jungen Belegschaft
- Fotos vom Team sorgen für eine attraktivere Wahrnehmung Ihrer Stellenanzeige. Nutzen Sie für Ihre Zielgruppe Generation Z vor allem Fotos junger Kollegen, mit denen sich junge Kandidaten identifizieren können.

---

[3]Feldman, D. C., Bearden, W. O., & Hardesty, D. M. (2006). Varying the content of job advertisements the effects of message specificity. *Journal of Advertising.* https://doi.org/10.2753/JOA0091-3367350108.

[4]Jones, D. A., Shultz, J. W., & Chapman, D. S. (2006). Recruiting through job advertisements: The effects of cognitive elaboration on decision making. *International Journal of Selection and Assessment.* https://doi.org/10.1111/j.1468-2389.2006.00342.x.

Typische Worthülsen im Unternehmensprofil	Beantworten Sie folgende Fragen, um Worthülsen zu füllen
...*wir bieten eine abwechslungsreiche Tätigkeit.*	Was sind Sie die genauen Tätigkeiten, die Sie damit meinen?
...*wir bieten ein angenehmes Arbeitsklima.*	Woran machen Sie das konkret fest? Gibt es z.b. Zufriedenheitsnachweise aus Mitarbeiterbefragungen oder Testimonials von Mitarbeitern?
...*du profitierst von allen Sozialleistungen eines Großunternehmens.*	Welche Sozialleistungen sind damit gemeint? Bestimmte Leistungen können sehr interessant oder auch total uninteressant für den Bewerber sein.

Abb. 3.1   Gängige Worthülsen im Unternehmensprofil

Typische Worthülsen im Bewerberprofil	Beantworten Sie folgende Fragen, um Worthülsen zu füllen
...*Sie zeigen Einsatzbereitschaft.*	In welchen Situationen erwarten Sie überdurchschnittlichen Einsatz?
...*Sie sind motiviert.*	Welche Tätigkeiten müssen dem Bewerber Spaß machen?
...*Sie sind teamfähig.*	Welche Einstellung und Verhalten erwarten Sie von einer teamfähigen Person?

Abb. 3.2   Gängige Worthülsen im Bewerberprofil

- Aufnahmen müssen echt wirken. Das gelingt, wenn es sich um alltägliche und nicht gestellte Arbeitssituationen handelt. Bestenfalls werden diese Bilder spontan und unangekündigt aufgenommen und mit einer Einwilligung der betroffenen Personen veröffentlicht.[5]

---

[5]Burt, C. D. B., Halloumis, S. A., McIntyre, S., & Blackmore, H. S. (2010). Using colleague and team photographs in recruitment advertisements: Effects on applicant attraction. *Asia Pacific Journal of Human Resources*. https://doi.org/10.1177/1038411109355358.

- Achtung: Gekaufte Fotos (Stock-Fotos) lassen Ihre Stelle für die Generation Z unattraktiv erscheinen!

Sorgen Sie mit Ihrem Titel für eine gute Auffindbarkeit bei Google
- Verzichten Sie auf eigens gegründete Jobtitel, sondern verwenden Sie gängige Jobtitel, die tatsächlich von Interessenten gegoogelt werden. Ist Ihr Jobtitel zu ausgefallen, wird er in der Online-Suche seltener angezeigt. Vermutlich wird z. B. der „Junior Customer Success and Sales Manager" sehr selten explizit gesucht.
- Verwenden Sie für bessere Auffindbarkeit dreidimensionale Titel, bestehend aus Anstellungsart, Bereich und dem Standort. Übertragen auf das oben genannte Beispiel: „Mitarbeiter in Vertrieb und Account Management München".

3.2   Tool 5: Die Stärke schwacher Bindungen

Warum erreicht man über lose Kontakte mehr Menschen als über enge Kontakte? Stellen Sie sich vor: Ihr bester Freund (enger Kontakt) hat in seinem Netzwerk mit hoher Wahrscheinlichkeit viele Menschen, die sich auch in Ihrem Netzwerk befinden, also gemeinsame Bekannte. Diese gemeinsamen Bekannten kennen sich mit höherer Wahrscheinlichkeit auch untereinander. Zum Vergleich: Ihre Bekanntschaft (loser Kontakt) von der Fortbildung vor zwei Wochen wird ein Netzwerk haben, dass sich mit hoher Wahrscheinlichkeit gar nicht mit Ihrem überschneidet. Der Vorteil loser Kontakte ist somit, dass sie als Brücke zu vollkommen fremden Netzwerken dienen. Dadurch gelangen Informationen z. B. über Ihre offenen Stellen an Personen, die Sie unter normalen Umständen niemals erreicht hätten. Das ist der Grund, wieso bei der Mitarbeitersuche lose Kontakte gerade in großen Netzwerken (z. B. Social Media) deutlich effektiver sind als enge Kontakte in kleinen Netzwerken (z. B. Freundeskreis).[6]

Da die Generation Z alleine auf Instagram durchschnittlich 299 Follower[7] erreicht und damit über ausgeprägte lose Netzwerke verfügt, lohnt es sich, die Generation Z in Ihr Recruiting einzubinden. Das gelingt Ihnen mit einem Mitarbeiterempfehlungsprogramm. Solche Programme belohnen Mitarbeiter für das

---

[6]Granovetter, M. S. (1973). The Strength of Weak Ties. *American Journal of Sociology*, *78*(6), 1360–1380.
[7]Feierabend, S., Rathgeb, T., & Reutter, T. (2020). *JIM 2019 – Jugend, Information, Medien Basisuntersuchung zum Medienumgang 12- bis 19-Jähriger in Deutschland.*

Empfehlen geeigneter Kandidaten aus dem eigenen Netzwerk auf offene Stellen des eigenen Arbeitsgebers. Die Erfolgsquote bei solchen Empfehlungsprogrammen ist im Vergleich zu allen anderen Rekrutierungswegen bundesweit am höchsten, die Wahrscheinlichkeit eines langfristigen Verbleibs im Job ist bei empfohlenen Mitarbeitern besonders hoch[8],[9] und die Kosten sind verhältnismäßig gering. Gerade die Generation Z ist wie gemacht für solche Programme. Sie zeigt sich besonders offen dafür, Jobempfehlungen durch Bekannte entgegenzunehmen[10] und legt bei der Jobsuche viel Wert auf die Meinung der Peer-Group.[11] Vor allem von Gleichaltrigen werden Mitarbeiterempfehlungen als besonders glaubwürdig und authentisch wahrgenommen. Deshalb ist die Generation Z der ideale Sender und Empfänger von Empfehlungen.

Was bei Mitarbeiterempfehlungsprogrammen für die Generation Z wichtig ist

- Schaffen Sie Anreize dafür, dass Ihre GenZ-Mitarbeiter offene Stellen in sozialen Netzwerken teilen oder in ihrem Bekanntenkreis nach Kandidaten suchen, die zur Organisation passen.
- Möchten Sie die **Quantität** der Empfehlungen erhöhen, bieten Sie geringe Prämien (wenige hundert Euro) an, die nicht von den künftigen Leistungen der empfohlenen Person abhängen.
- Möchten Sie die **Qualität** der Empfehlungen erhöhen: Bieten Sie leistungsabhängige und etwas höhere Prämien (z. B. ein Monatsgehalt) an. Bei leistungsabhängigen Prämien werden üblicherweise Mitarbeiter empfohlen, deren künftige Leistung leichter einzuschätzen ist und deren fachliche Qualität damit als sicherer gilt.[12]

---

[8]Brenzel, H., Czepek, J., Kubis, A., Moczall, A., Rebien, M., Röttger, C., … Weber, E. (2016). *Neueinstellungen im Jahr 2015: Stellen werden häufig über persönliche Kontakte besetzt. IAB-Kurzbericht* (Vol. 4).

[9]Pohlan, L., & Rothe, T. (2020). *Unterschiede bei Besetzungswegen und Beschäftigungsqualität. IAB-Kurzbericht.*

[10]Weitzel, T., Maier, D. C., Oehlhorn, C., Weinert, C., Wirth, J., & Prof. Dr. Laumer, S. (2019). Social Recruiting und Active Sourcing. *Monster Studie,* 1–20. Retrieved from https://www.uni-bamberg.de/fileadmin/uni/fakultaeten/wiai_lehrstuehle/isdl/Studien_2019_01_Social_Recruiting_Web.pdf.

[11]Schlotter, L. (2020). *Generationenkompass 2020.* Augsburg.

[12]Beaman, L., & Magruder, J. (2012). Who gets the job referral? Evidence from a social networks experiment. *American Economic Review, 102*(7), 3574–3593. https://doi.org/10.1257/aer.102.7.3574.

- Geben Sie Inhalt und Stil von Posts in sozialen Netzwerken nicht vor: Die Botschaft sollte authentisch von Zielgruppe zu Zielgruppe erfolgen.
- Nehmen Sie Ihren Mitarbeitern die Angst, Empfehlungen auszusprechen, indem Sie „aus der Haftung genommen werden". Machen Sie klar, dass die letzte Verantwortung bei HR und Führungskräften liegt. Zeigen Sie sich für jede Empfehlung dankbar, ob geeignet oder nicht.
- Sollten Ihre GenZ-Mitarbeiter keine Jobempfehlung an Bekannte weitergeben wollen, nehmen Sie das als Warnung und Hinweis für interne Problemherde. Fragen Sie nach dem „Warum?".

▷   Bislang hat sich übrigens nicht gezeigt, dass Mitarbeiterempfehlungs-
programme von Mitarbeitern wegen Prämien ausgenutzt werden. Im
Gegenteil: Ausgesprochene Empfehlungen sind vor allem sozial und
nicht materiell motiviert.[13]

3.3   Tool 6: Machen Sie Ihren Bewerbern nicht das Leben schwer

„Ich musste erst eine Online Bewerbung ausfüllen, dann einen Lebenslauf und Zeugnisse hinterherschicken und sollte dann, ohne jemals Kontakt mit einem zuständigen Mitarbeiter zu haben oder mehr Informationen bekommen zu haben, Zeiten für ein Skype Interview aus einem nicht ordentlich funktionierenden Google-Kalender auswählen"[14] (Studienteilnehmerin Jg. 1997)

Dieses Zitat beschreibt die Situation vieler Generation Z-Bewerber in Deutschland. Fast 40 % von ihnen haben in der Vergangenheit bereits einen Bewerbungsprozess abgebrochen, weil er ihnen zu kompliziert war.[15] Je umworbener Ihre gewünschten Kandidaten sind, desto geringer sollten Sie deshalb die Hürden zu Informationen, zur Kontaktaufnahme und zur Bewerbung halten.

---

[13]van Hoye, G. (2013). Recruiting Through Employee Referrals: An Examination of Employees' Motives. *Human Performance*, *26*(5), 451–464. https://doi.org/10.1080/08959 285.2013.836199.

[14]Schlotter, L. (2020). *Generationenkompass 2020*. Augsburg.

[15]Schlotter, L. (2020). *Generationenkompass 2020*. Augsburg.

Was sollen Sie tun?
- Verzichten Sie auf Motivationsschreiben. Junge Bewerber haben in der Regel wenig Berufserfahrung, was zu größtenteils sozial erwünschten Motivationsschreiben führt. Darüber hinaus ist die Vorhersagekraft von Motivationsschreiben für Passung und künftige Arbeitsleistung gering.[16]
- Ermöglichen Sie immer einen persönlichen Ansprechpartner bei offenen Fragen, vor allem, wenn Sie mit wenigen Bewerbern rechnen.[17]
- Ermöglichen Sie bei Online-Bewerbungsverfahren eine Zwischenspeicherung, damit die Kandidaten die Bewerbung zu einem anderen Zeitpunkt fortsetzen können.
- Ermöglichen Sie das Hochladen aller gängigen Dateiformate (PDF, JPEG, PNG).
- Lassen Sie Ihren Bewerbern genügend Platz zum Dokumentenupload (Mindestens 20 MB).
- Nutzen Sie Bewerberportale nur, wenn sie benötigt werden. Beispielsweise bei großen Arbeitgebern mit zahlreichen Bewerbungen.
- Einfacher für Ihre Bewerber ist das Zusenden der Bewerbungsunterlagen per Mail, oder auch Bewerbung per Oneclick (XING, LinkedIn).

▶ Interessenten und Kandidaten sollten möglichst wenig Aufwand haben, an relevante Informationen über Ihre offenen Stellen und Sie als Arbeitgeber zu kommen! Ein Hinweis auf Ihr Karriereportal sollte deshalb bereits auf Ihrer Startseite verknüpft sein.

Was sollen Sie nicht tun?
- Verpflichten Sie nicht grundsätzlich zum Erstellen eines eigenen Accounts mit Passwort.
- Fordern Sie nicht, dass Ihre Bewerber alle Infos des Lebenslaufes nochmals separat in Eingabemasken Ihres Bewerberportals eintippen müssen.
- Zwingen Sie Ihre jungen Bewerber nicht zum Filmen eines „Bewerbungsvideos".

---

[16]Kanning, U.-P. (2017). *Personalmarketing, Employer Branding und Mitarbeiterbindung* (Vol. 63). Berlin Heidelberg: Springer Verlag. https://doi.org/10.1026/0932-4089/a000287.

[17]Kanning, U.-P. (2017). *Personalmarketing, Employer Branding und Mitarbeiterbindung* (Vol. 63). Berlin Heidelberg: Springer Verlag. https://doi.org/10.1026/0932-4089/a000287.

- Verpflichten Sie Ihre Bewerber nicht dazu, alle Bewerbungsdokumente zu einem Gesamtdokument zusammenzufügen. Das erfordert überdurchschnittlich viel technisches Know-how.

3.4   Tool 7: Zwei Wege, mit denen Sie im Recruiting begeistern

Die Online-Bestellung in Echtzeit verfolgen: „Möglich durch Live-Tracking."
Wo wurde die Maultasche erfunden? „Sofort googeln."
Das neue Album des Lieblingskünstlers hören: „Auf der Stelle möglich."
Für die Generation Z ist vor allem im digitalen Kontext Geschwindigkeit und Transparenz der Standard. Subjektiv erscheint alles sofort und ständig greifbar.[18] Deshalb muss sich die Qualität eines Bewerbungsverfahrens aus Sicht der Generation Z an den Kriterien Geschwindigkeit und Transparenz messen lassen.

Geschwindigkeit
Je langsamer die Reaktion auf Bewerbungen, die Einladung zum Bewerbungsgespräch und die Entscheidung über Eignung Ihrer GenZ-Kandidaten, desto höher die Kosten von unbesetzten Stellen und desto höher die Wahrscheinlichkeit, dass ein anderer Arbeitgeber schneller ist.

Stellen Sie sich vor, Sie bewerben sich ohne klare Präferenz bei drei Arbeitgebern. Alle drei würden Sie einstellen, von zweien bekommen Sie nach drei Wochen die Nachricht, dass Sie die Stelle haben könnten. Der Dritte Arbeitgeber kommuniziert direkt am nächsten Tag, dass er Sie haben möchte. Bei welchem der Arbeitgeber haben Sie das Gefühl, dass Sie ihm wirklich wichtig sind?

Erhöhen Sie Ihre Geschwindigkeit

- Kommunizieren Sie spätestens drei Tage nach Bewerbungseingang Interesse oder Desinteresse. Ist das nicht möglich, müssen Ihre internen Prozesse dringend gestrafft werden. Arbeiten Sie deshalb mit klaren Ausschlusskriterien, die Ihre Vorauswahl beschleunigen.

---

[18]Stroer. (2019). *Code to Teens*. Köln. Retrieved from https://www.stroeer.de/fileadmin/de/Blog/2019/Knowledge/Code_to_Teens/Code_to_Teens_2019.pdf.

- Entscheiden Sie über die Eignung von Kandidaten so schnell es geht, vor allem, wenn Sie wenige Bewerber haben. Verzichten Sie darauf, nochmal „drüber zu schlafen" und entscheiden Sie sich nach dem Kennenlerngespräch. So können Sie Ihrem Bewerber direkt am nächsten Tag zusagen.
- Rufen Sie bei passenden Kandidaten direkt telefonisch informell an: Bedanken Sie sich für die Bewerbung und erklären Sie kurz, wie der weitere Prozess verläuft.

Transparenz

Haben Ihre Bewerber eine Ahnung davon, wie Ihr Bewerbungsprozess aufgebaut ist? Wissen Ihre Bewerber, ab wann Sie mit einer Antwort von Ihnen rechnen können? Wissen Ihre Bewerber, warum sie abgelehnt wurden?

Transparenz im Bewerbungsprozess ist ein Zeichen von Qualität, Professionalität und Wertschätzung gegenüber allen Bewerbern, insbesondere der Generation Z.

Sorgen Sie für mehr Klarheit

- Senden Sie Ihren Bewerbern immer eine Eingangsbestätigung mit Dank für die Bewerbungsunterlagen zu.
- Bieten Sie Informationen über die (ungefähre) Bearbeitungsdauer und eine Übersicht über die Prozessschritte mit durchschnittlicher Dauer.
- Schaffen Sie einen persönlichen Bezug durch Kontaktmöglichkeit der bearbeitenden Person mit Bild.
- Technisch aufwendig, aber vorbildlich: Manche Arbeitgeber bieten ihren Bewerbern eine individuelle Tracking-Seite, auf der sie den Status der Bewerbung verfolgen können.
- Schicken Sie Ihren Kandidaten immer eine begründete Absage. Ihre Bewerber haben sich in der Regel Zeit und Mühe für eine Bewerbung gemacht – es ist eine Frage des guten Stils, konkretes Feedback zu geben. Beziehen Sie sich dabei immer nur auf Fähigkeiten Ihres Kandidaten, nie auf Eigenschaften seiner Person und berücksichtigen Sie das allgemeine Gleichstellungsgesetz (AGG). Das AGG verbietet ausschließlich das Nicht-Einstellen aufgrund der Rasse, der ethnischen Herkunft, des Geschlechts, der Religion oder Weltanschauung, einer Behinderung, des Alters oder der sexuellen Identität ($\S 1$ AGG). Sie dürfen und sollten Ihren Kandidaten immer mitteilen, warum sie aus fachlichen Gründen nicht eingestellt wurden.

3.5   Tool 8: Das angenehme Jobinterview

Womit müssen Sie im Jobinterview mit der Generation Z rechnen? Grundsätzlich haben junge Bewerber meistens wenig Erfahrung mit Bewerbungsgesprächen. Das führt manchmal zu überdrehtem Selbstmarketing oder zu starker Aufregung. Lassen Sie sich dadurch nicht aus der Ruhe bringen. Vor allem, wenn die Generation Z Forderungen stellt, die Ihnen überzogen vorkommen. Denn das kommt immer wieder vor, weil die jungen Bewerber von ihrer überaus positiven Situation auf dem Arbeitsmarkt überzeugt sind.

Grundsätzlich gilt: Die Zeiten, in denen Bewerber „in die Mangel" genommen werden, um ihre Tauglichkeit zu überprüfen sind längst vorbei. Für die Generation Z ist das Jobinterview dann ansprechend, wenn es als angenehmes Gespräch auf Augenhöhe wahrgenommen wird. Unabhängig von der Eignung Ihres Kandidaten sollten Sie diesem Anspruch nachkommen. Ihre Kandidaten werden im Bekanntenkreis von ihrem Bewerbungsinterview erzählen. Ob Sie dabei positive oder negative Werbung für Sie machen, liegt in Ihrer Hand.

Gesprächsvorbereitung

- Senden Sie Ihren Kandidaten wenige Tage vor dem Interview einige Tipps zu: Was sollen sie tragen, wie können sie sich auf das Gespräch vorbereiten, Anfahrtswege etc. Betonen Sie, dass Sie sich darauf freuen, Ihren GenZ-Kandidaten kennenzulernen.
- Bereiten Sie sich angemessen auf das Gespräch vor. Nichts hinterlässt einen schlechteren Eindruck als das Gefühl, der Interviewer liest den Lebenslauf während des Gesprächs zum ersten Mal.

Durchführen des Gesprächs

- Sorgen Sie für eine lockere Atmosphäre und ein Gespräch auf Augenhöhe (z. B. das „Du" anbieten). Lockern Sie den Gesprächsbeginn durch Smalltalk und nicht-berufsbezogene Fragen auf.
- Entspannend für alle Beteiligten ist zu Beginn ein kurzer Rundgang durch das Unternehmen oder die Abteilung. Noch besser, wenn Ihr Kandidat dabei künftige Arbeitskollegen im selben Alter kennenlernt.
- Nutzen Sie eine ungezwungene, „neutrale" Umgebung, z. B. ein Café ums Eck (nur, wenn das Gespräch mit genügend Abstand zu anderen Gästen durchgeführt werden kann).

- Führen Sie das Gespräch nach Möglichkeit an einem runden Tisch durch oder sitzen Sie Übereck und sich nicht direkt gegenüber. Das wird als weniger konfrontativ wahrgenommen.[19]
- Zeigen Sie echtes Interesse, indem Sie z. B. auch nach Hobbies und persönlichen Interessen fragen.
- Geben Sie Ihren Kandidaten etwas mit nach Hause: Ein Flyer, der eine Übersicht über die Benefits und Besonderheiten von Ihnen als Arbeitgeber gibt.
- Lassen Sie Ihre Bewerber reden und führen Sie keine Monologe. Es ist nicht unüblich, dass Interviewer mehr damit beschäftigt sind, sich selbst zu verkaufen als Informationen vom Kandidaten zu gewinnen. Fehlendes Interesse kommt bei der Generation Z besonders schlecht an.[20]

Was Sie unbedingt vermeiden sollten

- Setzen Sie nicht voraus, dass Ihre GenZ-Kandidaten ihre genauen Karriereziele bereits kennen. Oft wachsen persönliche Ziele erst durch individuelle Förderung.
- Vermeiden Sie Zeitmangel und Hektik. Blocken Sie sich mindestens ein zweistündiges Zeitfenster. Sie wollen nicht ein gutes Gespräch überhastet abbrechen.
- Verzichten Sie auf überhebliches Verhalten von oben herab, das dem Kandidaten sinnbildlich vermittelt: „Ich sitze hier am längeren Hebel, du bist von meiner Entscheidung abhängig!". Vergessen Sie nicht, dass Ihr Bewerber Ihr Kunde ist.
- Führen Sie das Interview, wenn möglich, nicht mit mehr als zwei Interviewern durch. Ab drei Interviewern wird das Interview als Verhör wahrgenommen und die sowieso angespannte Situation für einige Bewerber sehr unangenehm.

3.6   Tool 9: Das valide Jobinterview

Im vorherigen Tool ging es darum, dass das Kennenlernen im Rahmen des Jobinterviews angenehm sein soll. Das Jobinterview hat aber noch zwei weitere Ziele:

---

[19]Strobel, T. (2014). Vorbereitung von Mitarbeitergesprächen. Retrieved from https://www.hrtoday.ch/de/article/korpersprache-im-vorstellungsgespraech-teil-4.

[20]Schlotter, L. (2020). *Generationenkompass 2020*. Augsburg.

1. Es soll professionell und vor allem nachvollziehbar aufgebaut sein, damit es einen guten Eindruck bei der Generation Z hinterlässt.[21]
2. Noch wichtiger für Sie: Sie möchten durch Ihr Interview an valide Informationen kommen, die Ihnen verlässliche Hinweise auf die künftige Arbeitsleistung Ihres Kandidaten geben. Mit Menschenkenntnis, Bauchgefühl und Lebenserfahrung bekommen Sie diese Informationen nicht.[22]

Auf dem Weg zu einem validen und aussagekräftigen Interview gibt es zwei entscheidende Faktoren:

Faktor 1: Ihre subjektive Wahrnehmung
Fakt ist: Wir Menschen sind nicht gut darin, andere Menschen richtig einzuschätzen. Das liegt an unzähligen Wahrnehmungsfehlern im Alltag. Personalauswahl auf Basis von subjektiven Eindrücken und Interpretationen ist gerade deshalb und gemessen an den Kosten einer Fehleinstellung hochgradig fahrlässig. Folgende Wahrnehmungsfehler können uns beeinflussen:

- Halo-Effekt: Wir schließen von einer Information auf die ganze Persönlichkeit des Kandidaten (z. B. Händedruck).[23]
- Attraktivitätseffekt: Attraktive Menschen werden von uns als durchschnittlich intelligenter und kompetenter bewertet.[24]
- Erwartungseffekt: Wir entwickeln eine Erwartung wie der Kandidat ist und neigen im Gespräch dazu, empfänglich für alle Informationen zu sein, die unsere Erwartung stützen.[25]

[21]Schlotter, L. (2020). *Generationenkompass 2020*. Augsburg.

[22]Kanning, U.-P. (2017). *Personalmarketing, Employer Branding und Mitarbeiterbindung* (Vol. 63). Berlin Heidelberg: Springer Verlag. https://doi.org/10.1026/0932-4089/a000287.

[23]Nisbett, R. E., & DeCamp Wilson, T. (1977). The Halo Effect: Evidence for Unconscious Alteration of Judgements. *Journal of Personality and Social Psychology, 35*, 250–256.

[24]Ndobo, A. (2014). Attractiveness effect and the hidden discourse of discrimination in recruitment: The moderating role of job types and gender of applicants. *Revue Internationale de Psychologie Sociale, 27*(1), 127–144.

[25]Kanning, U.-P. (2017). *Personalmarketing, Employer Branding und Mitarbeiterbindung* (Vol. 63). Berlin Heidelberg: Springer Verlag. https://doi.org/10.1026/0932-4089/a000287.

Wie verbessern Sie Ihre Einschätzung?

- Standardisieren Sie Ihr Interview und bewerten Sie jede berufsbezogene Antwort mit Punkten. Dadurch wird Ihre Bewertung objektiver und Sie ermöglichen die Vergleichbarkeit mehrerer Kandidaten.[26] Ein Beispiel dafür sehen Sie unten.

- Verzichten Sie vollständig darauf, Ihre Kandidaten anhand subjektiver Annahmen zu bewerten („Der Kandidat hat einen schwachen Händedruck – er hat ein geringes Selbstbewusstsein"; „Der Kandidat spielt Fußball und ist deshalb ein hervorragender Teamplayer", „der Kandidat war aufgeregt, er ist nicht belastbar").

- Bilden Sie Ihr Urteil erst nach dem Gespräch. Am Ende des Interviews addieren Sie die Punkte, die Sie Ihrem Kandidaten beim Beantworten Ihrer Fragen vergeben haben. Damit erhalten Sie eine objektive Bewertung Ihres Kandidaten in Form einer Punktanzahl. Generell gilt: 1. Beobachten, 2. Dokumentieren, 3. Bewerten.

- Wichtig: Erklären Sie Ihren GenZ-Kandidaten, dass Ihr Interview aus professionellen Gründen so aufgebaut ist und welchen Vorteil das auf den Auswahlprozess hat. Ansonsten wird das Interview schnell als „kühl" und „distanziert" wahrgenommen.[27]

Faktor 2: Qualität der Fragen

Die Fragen, die Sie stellen, müssen Ihnen eine verlässliche Entscheidungsgrundlage geben, ob Ihr Kandidat über Ihre gewünschten Kompetenzen verfügt. Bei der Generation Z ist das gar nicht so einfach, denn viele geeignete Fragen kommen aufgrund fehlender Berufserfahrung nicht infrage.

Grundsätzlich gilt: Nehmen Sie einen Perspektivwechsel vor und versuchen Sie, Ihre üblichen Interviewfragen selbst zu beantworten. Fragen Sie sich kritisch: Welchen konkreten Erkenntnisgewinn bringen mir die Fragen? Wenn Sie neue Fragen entwickeln, orientieren Sie sich an zwei Fragetypen, die Ihnen valide Erkenntnisse bringen können: Erfahrungsbezogene und situative Fragen.

Erfahrungsbezogene Fragen

Nutzen Sie auf die Vergangenheit bezogene Verhaltensfragen. Wenn Sie erlebte Situationen abfragen, bekommen Sie mit höherer Wahrscheinlichkeit „echte"

---

[26]Campion, M. A., Campion, J. E., & Hudson, J. P. (1994). Structured Interviewing: A Note on Incremental Validity and Alternative Question Types. *Journal of Applied Psychology, 79*(6), 998–1002. https://doi.org/10.1037/0021-9010.79.6.998.

[27]Schlotter, L. (2020). *Generationenkompass 2020*. Augsburg.

Gewünschte Kompetenz: Konfliktfähigkeit			
"Erzähl mir von einer Konfliktsituation aus deiner Vergangenheit. Wie bist du damit umgegangen und wie hast du die Situation wahrgenommen? Welche Personen waren beteiligt?"			
Bewertung der Selbstreflektion			Punkte
spricht eigene Rolle überhaupt nicht an (1 Punkt)	☐☐☐☐☐	sieht sich selbst als Konfliktpartei und reflektiert die eigene Rolle (5 Punkte)	( )
Bewertung der Perspektivübernahme			Punkte
nimmt nicht die Sicht des anderen ein (1 Punkt)	☐☐☐☐☐	versucht, sich in den anderen hineinzuversetzen (5 Punkte)	( )
Bewertung der Konfrontationsfreude			Punkte
provoziert eine direkte Konfrontation (1 Punkt)	☐☐☐☐☐	versucht, eine direkte Konfrontation zu vermeiden (5 Punkte)	( )
Erreichte Punkteanzahl gesamt			( )

Abb. 3.3 Beispiel für eine erfahrungsbezogene Frage

Informationen. Die Antwortkategorien müssen im Voraus entworfen werden und sich daran orientieren, welche Antworten Sie als richtig erachten. Ein Beispiel dafür finden Sie in Abb. 3.3.

Situative Fragen[28]

Nutzen Sie auf zukünftige Arbeitssituationen bezogene situative Fragen. Situative Fragen beschreiben eine Situation, in die Ihr Kandidat im Arbeitsalltag geraten kann.

Bei situativen Fragen wird davon ausgegangen, dass ein enger Zusammenhang zwischen geäußerten Verhaltensabsichten und dem späteren realen Verhalten besteht. Die Antwortkategorien müssen im Voraus entworfen werden und sich

---

[28]Weuster, A. (2009). Das situative Interview als Instrument der Personalauswahl. *IAF, Beiträge Aus Forschung Und Technik*, 120–124. Retrieved from https://opus.hs-offenburg.de/frontdoor/deliver/index/docId/33/file/Situative_Interview_Weuster.pdf.

Gewünschte Kompetenz: Kundenorientierung
"Stellen Sie sich vor, Sie arbeiten im Kundenservice und eine Kundin ruft Sie wutentbrannt an: "Ihr Produkt ist das schlechteste, was es gibt. Euren Saftladen sollte man dichtmachen!" Was würden Sie tun?
Ergänzend: *Was wäre die schlechteste Handlungsoption in der beschriebenen Situation?*
Eine gute Antwort enthält folgende Inhalte (5-6 Punkte)
„Den Grund für die Wut der Kundin erfragen und Beratung anbieten"   "Sich entschuldigen und eine Entschädigung anbieten"   "Druck aus der Situation nehmen"   „Rasch klären, wie lange es dauern würde, der Kundin ein Ersatzprodukt zukommen zu lassen"
Eine mittelmäßige Antwort enthält folgende Inhalte (3-4 Punkte)
"Verständnis äußern"   "Sich verteidigen"   "Aktiv respektvolle Kommunikation einfordern"   "Betonen, dass man gemeinsam eine Lösung für das Problem findet"
Eine unterdurchschnittliche Antwort enthält folgende Inhalte (1-2 Punkte)
"Abtun der Vorwürfe"   "Den Angriff zu sehr auf die eigene Person beziehen"   „Das Gespräch direkt an den Vorgesetzten weiterleiten"   "Keine gemeinsame Lösung anbieten"
Erreichte Punkteanzahl gesamt (1-7 Punkte)   ( )

Abb. 3.4 Beispiel für eine situative Frage

daran orientieren, welche Antworten Sie als richtig erachten. Ein Beispiel dafür sehen Sie in Abb. 3.4.

▷   Wichtiger Hinweis

- Ihr GenZ-Kandidat muss zumindest mit wenig oder keiner Berufserfahrung in der Lage sein, die beschriebene Situation angemessen zu beurteilen. Lassen Sie bei fehlender Berufserfahrung eine Alltagssituation bewerten.
- Eignungsdiagnostik ist ein komplexes Feld, dem man sich langsam nähern muss und mit diesem Tool bei weitem nicht abgedeckt. Nehmen Sie unsere Anregungen als Anlass, Ihr Interview zu überdenken und die nächsten Schritte hin zu einer valideren Personalauswahl zu gehen.

Gemeinsam starten 4

4.1 Tool 10: Wertschätzung beginnt vor dem ersten Arbeitstag

Die Generation Z scheut einen schnellen Jobwechsel nicht, wenn nicht möglichst früh eine tragbare Bindung besteht[1]. Stellen Sie sich vor, zwischen Vertragsunterzeichnung und erstem Arbeitstag vergeht eine längere Zeit. Ihr künftiger Generation Z-Kollege hat dadurch viel Zeit, seine Entscheidung von allen Seiten zu reflektieren. Möglicherweise entscheidet er sich letztendlich doch gegen Sie. Ihre ganze investierte Zeit und die Mühe im Recruiting sind umsonst, wenn Sie neue Kandidaten bereits vor dem ersten Arbeitstag verlieren. Schaffen Sie deshalb früh eine Bindung, indem Sie bereits vor dem ersten Arbeitstag Wertschätzung zeigen. Deshalb gilt:

Sorgen Sie dafür, nicht vergessen zu werden
Warum sollten Sie mit neuen Mitarbeitern zwischen Zusage und Arbeitsbeginn interagieren? Wenn Sie in dieser Phase nicht kommunizieren, ist es sehr gut möglich, dass zu Ihnen entstandene positive Emotionen bereits nach einer Woche wieder verschwunden sind. Wie können Sie entgegenwirken?

[1]Brademann, I., & Piorr, R. (2019). Generation Z – Analyse der Bedürfnisse einer Generation auf dem Sprung ins Erwerbsleben (pp. 345–360). https://doi.org/10.1007/978-3-658-23397-6_19.

© Der/die Herausgeber bzw. der/die Autor(en), exklusiv lizenziert durch Springer Fachmedien Wiesbaden GmbH, ein Teil von Springer Nature 2020
L. Schlotter und P. Hubert, *Generation Z – Personalmanagement und Führung,* essentials, https://doi.org/10.1007/978-3-658-31250-3_4

- Vereinbaren Sie ein Telefon- oder Skypegespräch zwischen Job-Zusage und Arbeitsbeginn. Geben Sie den neuen Arbeitnehmern die Möglichkeit, Fragen zu stellen und Wünsche zu äußern. Sprechen Sie gegen Ende gezielt positive Aspekte aus dem Vorstellungsgespräch an.
- Fordern Sie Unterlagen, wie z. B. den Personalbogen, nicht erst kurz vor Arbeitsbeginn oder dem ersten Arbeitstag an. Schaffen Sie eine Verbindlichkeit und ein „Jetzt geht es los-Gefühl" direkt in den ersten Tagen nach der Zusage.
- Verbinden Sie jede Art von Schriftverkehr mit positiven Erfahrungen. Sie können z. B. beim Versenden des Arbeitsvertrags eine Seite mit Vorteilen und Benefits und einer Vorschau auf die erste Woche beilegen.

Wir freuen uns auf dich!

- Kommunizieren Sie Fortschritte, die den Arbeitnehmer betreffen. Sie können z. B. ein Bild und eine Nachricht senden, wenn der Arbeitsplatz eingerichtet ist oder der Schrank mit Arbeitskleidung vorbereitet wurde.

Reduzieren Sie Unsicherheiten – zeigen Sie, was den Mitarbeiter erwartet
Senden Sie vorab eine Mail mit folgenden Inhalten:

- Die zukünftigen Kollegen mit Bildern, Name und Tätigkeitsbeschreibung
- Die zukünftigen Aufgaben und Arbeitsfelder
- Übersicht über das Betriebsgelände
- Zehn Dinge, die man in der ersten Woche tun sollte
- Gute Restaurants und Aktivitäten für die Pausenzeiten
- Teilen Sie Do's and Dont's hinsichtlich Kommunikation, Miteinander, Arbeitszeiten, Verantwortung, Sicherheitspraktiken

4.2   Tool 11: Onboarding ist Ihr „Ja" zu einer langfristigen Beziehung

Die positiven Effekte von gelungenem Onboarding sind wissenschaftlich nachgewiesen: Mehr Engagement, stärkere Verbundenheit mit dem Arbeitgeber und höhere Zufriedenheit des neuen Mitarbeiters. Gerade für Berufseinsteiger verringert ein gutes Onboarding Unsicherheiten und hilft ihnen, sich in ihrer neuen

Rolle zurecht zu finden. Jedoch wird dieser Vorteil noch zu wenig genutzt. Denn nur 12 % der Arbeitnehmer fanden das Onboarding ihres Arbeitgebers ausreichend[2]. Hinterfragen Sie einmal selbst Ihren Onboarding-Prozess. Wissen Sie, welche Fragen üblicherweise bei Ihren neuen Mitarbeitern offenbleiben? Sorgen Sie dafür, dass die Fragen gar nicht aufkommen? Vermitteln Sie konkrete Informationen (z. B. „Ansprechpartner für die EDV ist Person X")? Helfen Sie dabei, erste Kontakte zu knüpfen?

Wie gelingt Generation Z-orientiertes Onboarding?

1. Erstellen Sie einen Plan für die ersten drei Monate
Um eine klare Struktur vorzugeben, sollten Sie einen Plan für die ersten drei Monate vorbereiten. Dieser sollte enthalten:

- Welche Meilensteine habe ich bis wann erreicht?
- Was sind meine Ziele und Entwicklungsschritte, die ich gehen möchte?
- Was sind meine ersten Aufgaben? (z. B. EDV-Struktur kennenlernen)
- An wen kann ich mich wenden?

Ein Beispiel dafür finden Sie untenstehend in Abb. 4.1

2. Betonen Sie, warum Ihr neuer Kollege da ist
Kommunizieren Sie vor Ihrem Team, warum Ihr neuer Mitarbeiter für das Unternehmen wichtig ist. „Es ist gut, dass du hier bist, weil…", „Du bist ein wichtiger Teil in unserem Team, weil…", „Ich freu mich, dass jemand da ist, um endlich die folgenden Aufgaben zu übernehmen: …". Machen Sie klar, warum seine Anwesenheit einen Unterschied macht.

3. Sorgen Sie für eine funktionierende Infrastruktur ab Tag eins
Mitarbeiterzugang, Parkkarte, E-Mail und Zugang zum Intranet können vorbereitet werden. Erfassen Sie alle Dinge, die für einen Start essenziell sind und machen Sie eine Checkliste. Evaluieren Sie bei bereits länger angestellten Kollegen, was bei ihnen im Onboarding gut und schlecht funktioniert hat.

---

[2]Schroth, H. (2019). Are You Ready for Gen Z in the Workplace? *California Management Review, 61*(3), 5–18. https://doi.org/10.1177/0008125619841006.

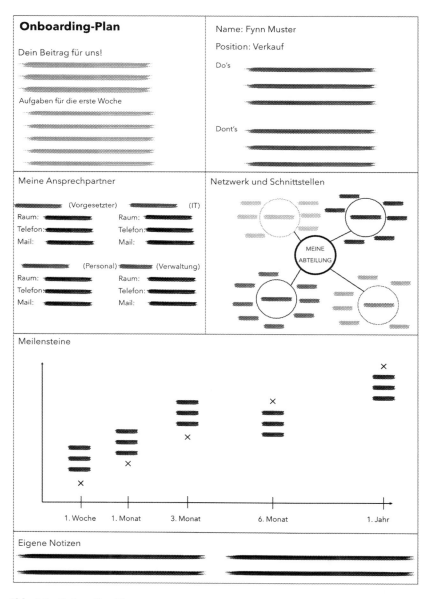

Abb. 4.1 Onboarding-Plan

4. Schön, dass du da bist!
Ein Willkommensgeschenk, ein Gruß im Teammeeting, eine Erwähnung im Intranet oder eine kleine Feier. Alles Ideen, um zu signalisieren: „Schön, dass du da bist!".

5. Beenden Sie den Onboarding-Prozess bewusst
Wenn Ihr Mitarbeiter alle Meilensteine erfüllt und die wichtigsten Schnittstellen und Kollegen kennengelernt hat, sollten Sie den Prozess bewusst beenden. Feiern Sie diesen Moment durch eine Aktion oder eine Belohnung. Zeigen Sie ihrem Mitarbeiter dadurch, was er erreicht hat und stärken Sie seine Bindung zum Unternehmen.

Führen 5

5.1   Tool 12: Führen auf Augenhöhe

Das Verhältnis zwischen Eltern und Kinder hat sich in den letzten 20 Jahren stetig verbessert[1]. Eltern sind heute Coaches, Berater und enge Begleiter auf dem Weg der Generation Z. Während früher autoritäre Erziehung verbreitet war, legen Eltern heute vermehrt Wert darauf, Entscheidungen zu erklären, zu begründen und mit ihren Kindern darüber zu diskutieren[2]. Für die Generation Z ist es selbstverständlich, von ihren Eltern auf Augenhöhe behandelt zu werden. Überträgt sich das auch auf deren Wünsche an Führungskräfte? Ja tut es, wie einige exemplarische Antworten auf die Frage nach den Eigenschaften des „Wunsch-Vorgesetzten" der Generation Z zeigen.

> *„…man kann mit ihm/ihr kritisch über Probleme sprechen und auf Augenhöhe Lösungen erarbeiten"*
> *„…sie gibt sinnvolle Kritik und Lob, ohne von oben herab zu sein"*
> *„…er zeigt ehrliches Interesse an den Kollegen"*
> *„…sie ist nicht meine Vorgesetzte, sondern meine Kollegin"*

Warum sollten Sie sich auf diese Forderungen einlassen? Weil führen auf Augenhöhe für die Generation Z schlichtweg der beste Führungsstil ist. Durch keinen anderen Führungsstil werden Sie Ihre GenZ-Kollegen zufriedener und

---

[1]Hurrelmann, K., Köcher, R., & Sommer, M. (2019). *Die McDonalds's Ausbildungsstudie 2019. Kinder Der Einheit. Same But (Still) Different!*

[2]Eschner, C. (2017). *Erziehungskonzepte im Wandel* Wiesbaden: Springer Fachmedien Wiesbaden. https://doi.org/10.1007/978-3-658-16915-2.

© Der/die Herausgeber bzw. der/die Autor(en), exklusiv lizenziert durch Springer Fachmedien Wiesbaden GmbH, ein Teil von Springer Nature 2020
L. Schlotter und P. Hubert, *Generation Z – Personalmanagement und Führung,* essentials, https://doi.org/10.1007/978-3-658-31250-3_5

produktiver machen. Nutzen Sie deshalb die folgenden drei Schritte, um die Generation auf Augenhöhe zu führen:

1. Bieten Sie das Du an
Der erste Schritt, um der Generation Z auf Augenhöhe zu begegnen ist, ihnen das „Du" anzubieten. Es werden dadurch auf natürliche Weise Barrieren im persönlichen Umgang abgebaut.

2. Zeigen Sie Interesse
Denken Sie an einen jungen Mitarbeiter Ihrer Abteilung. Wissen Sie etwas über seine Hobbies, die Anzahl seiner Geschwister, aus welchem Ort er stammt oder welche Musik er mag? Falls nicht, hat Ihr Kollege wahrscheinlich nicht den Eindruck, dass Sie sich für ihn als Person interessieren. Wir wissen, dass dieser Tipp vor allem für Führungskräfte von großen Teams schwierig umzusetzen ist. Dennoch ist es wichtig, informellen Kontakt zu schaffen. Das bedeutet:

* Gehen Sie gezielt mit jungen Kollegen zum Mittagessen.
* Zeigen Sie sich in der Kaffeeküche oder im Pausenraum.
* Versuchen Sie vor allem mit den jungen Mitarbeitern ins Gespräch zu gehen, mit denen Sie im Alltag weniger zu tun haben.
* Auch Events, kleine Feiern oder ein kurzer Wochenabschluss, z. B. in der Kaffeeküche, fördern informellen Kontakt.

3. Schaffen Sie Teilhabe durch Besprechungen
Wie oben dargestellt, ist es die Generation Z gewohnt, an familiären Entscheidungsprozessen teilzuhaben. Diesem Bedürfnis können Sie am Arbeitsplatz mit einer klugen Besprechungskultur nachkommen. Dabei geht es nicht nur darum, Ihrem Team Informationen weiterzugeben, sondern insbesondere darum, der Generation Z das nötige Gehör zu schenken. Führen Sie deshalb regelmäßige Besprechungen mit Ihren GenZ-Mitarbeitern durch und binden Sie sie ein.

Drei Tipps für Besprechungen
1. Lassen Sie ihre Mitarbeiter deren Meinung zu offenen Punkten äußern, bevor Sie es tun. Das fördert ehrliche Meinungen, die nicht durch Ihre zuerst geäußerte Ansicht gefärbt ist.
2. Erstellen Sie nach jeder Besprechung ein Protokoll und senden Sie es an alle Mitarbeiter, damit auch diejenigen teilhaben können, die nicht anwesend waren.

3. Fördern Sie bewusst Abstimmungen in Ihren Besprechungen, damit Ihre GenZ-Kollegen das Gefühl bekommen, mitentscheiden zu dürfen und gehört zu werden.

5.2 Tool 13: Die Macht des Feedbacks

Welchen Einfluss hat Führung auf die Karriere junger Mitarbeiter? Bei ein und derselben Person kann sie den Grundstein für eine Spitzenkarriere oder für Stillstand sorgen. Dieser besonderen Verantwortung müssen sich Führungskräfte bewusst sein. Die wichtigste Methode um positive Entwicklung zu garantieren, ist Feedback[3]. Grundsätzlich gilt: Je schneller Sie Feedback geben, desto besser können Sie Verhalten regulieren. Vor allem junge Mitarbeiter benötigen und verlangen regelmäßige Rückmeldung zu ihrer Leistung und zur derzeitigen Rolle im Unternehmen. Über 65 % der Generation Z wünschen sich mindestens einmal alle drei Monate ein offizielles Feedbackgespräch[4].

Wichtige Tipps für Feedback

- Besser zwölf Mal zehn Minuten Feedback im Jahr als einmal zwei Stunden pro Jahr: Dadurch, dass Feedback regelmäßig gegeben wird, verstärkt es gewünschtes Verhalten öfter und somit nachhaltiger.
- Feedback ist nur effektiv, wenn es entweder richtiges Verhalten bestärkt oder falsches Verhalten mit Hinweis auf das gewünschte Verhalten korrigiert. Hinweis auf falsches Verhalten ohne Korrektur führt **nicht** zur Verhaltensänderung. Deshalb gilt: Je spezifischer das Feedback, desto effektiver. Nutzen Sie deshalb W-Fragen, um Ihr Feedback zu geben: „**Was** hat er /sie **wie, wann** und **wo** gut oder schlecht gemacht?".
- Bei Kritik gilt: Trennen Sie immer Person und Verhalten. Sprechen Sie immer nur von fehlerhaftem Verhalten und nie von personenbezogenen Eigenschaften. Das gelingt durch ein konkretes Benennen. Beispiel: „Ich empfinde es als störend, dass du unpünktlich bist" (Person) vs. „Ich empfinde es als störend, dass du Montag und Mittwoch jeweils eine Stunde zu spät warst" (Verhalten).

---

[3]Mory, E. H. (1996). Feedback research revisited. *Most.*
[4]Schlotter, L. (2020). *Generationenkompass 2020.* Augsburg.

Kategorie	Frage
Meine Fähigkeiten	*„Was sind meine größten Stärken?"* *„Welche meiner Fähigkeiten sind am wertvollsten?"* *„Worauf kann man sich bei mir immer verlassen?"* *„Welchen Beitrag leiste ich?"*
Meine blinden Flecke	*„Welches Verhalten hast du in letzter Zeit beobachtet, das mir zum Nachteil werden kann?"* *„Inwiefern habe ich Erwartungen nicht erfüllt?"* *„Inwiefern können mir meine Stärken schaden?"* *„Welche Verhaltensänderung könnte den größten und bestmöglichen Effekt auf meinen Erfolg haben?"*
Mein Arbeitsumfeld	*„Unter welchen Umständen ist dir aufgefallen, dass ich Schwierigkeiten bekomme?"* *„Arbeite ich am besten im Team oder alleine?"* *„Hast du Faktoren beobachten, die bei mir Stress oder negatives Verhalten hervorrufen?"*

Abb. 5.1 Feedback-Fragen (Kaye, B., & Giulioni, J. W. 2012. Help Them Grow or Watch Them Go: Career Conversations Employees Want (1st ed.). San Francisco: Berrett-Koehler Publishers; Schlotter, L. (2020). *Generationenkompass 2020.* Augsburg)

- Überlegen Sie sich bei negativem Feedback immer, was in Zukunft besser gemacht werden kann und fragen Sie gezielt danach: „Was könntest du in Zukunft besser machen?"[5].

Tipps für einen effektiven und anregenden Gesprächseinstieg
Lassen Sie Ihren GenZ-Kollegen jeweils eine Frage aus den Kategorien „Meine Fähigkeiten", „Meine blinden Flecke" und „Mein Arbeitsumfeld" in Abb. 5.1 für sich aussuchen. Wenn der Feedbacknehmer die Möglichkeit bekommt das Gespräch mitzugestalten, erhöht sich die Verbindlichkeit und die Akzeptanz Ihres Feedbacks.

---

[5]Mory, E. H. (1996). Feedback research revisited. *Most.*

5.3   Tool 14: Drei Wege zu sinnhafter Arbeit

In den Medien und der Forschung ist seit Jahren verstärkt die Rede davon, dass junge Generationen besonders viel Wert auf sinnhafte Arbeit legen[6]. Oft bleibt jedoch unklar, was mit sinnhafter Arbeit konkret gemeint ist.

Tatsächlich kommt empfundene Sinnhaftigkeit nur durch gute Führungsarbeit zustande. Führungskräfte müssen kontinuierlich mit den Mitarbeitern den Fokus auf den Beitrag, die Ergebnisse und die persönliche Weiterentwicklung legen. Wer seinen eigenen Beitrag zum Unternehmensziel kennt, hat weniger Fehlzeiten, eine bessere psychische Gesundheit und ist durchschnittlich deutlich zufriedener im Job[7]. Für junge Generationen ist das Wissen um den eigenen Beitrag zu den Organisationszielen im Vergleich zu älteren Generationen sogar ein besonders entscheidender Bindungsfaktor[8].

Fokus auf den Beitrag
Bringen Sie Ihre Mitarbeiter regelmäßig dazu, sich ihren eigenen Beitrag vor Augen zu führen. Das Sehen und Erkennen des eigenen Beitrages kann gelernt werden und muss immer wieder von Führungskräften eingefordert werden[9]. Wie lässt sich das umsetzen?

Erarbeiten Sie mit Ihrem Team gemeinsam Ihren Beitrag. Aktualisieren Sie das Ergebnis jährlich. Leitfragen dafür sind:

- Zu welchen Bereichen schaffen wir einen Beitrag? (z. B. das Gesamtziel der Organisation, die Lebenssituation anderer Menschen, die Gesellschaft, die Zufriedenheit von Kunden, das Funktionieren bestehender Systeme)
- Welchen Beitrag schaffen wir kurz-, mittel- und langfristig?
- Welchen Beitrag möchten wir in Zukunft leisten?

---

[6]Fintz, A. S. (2014). *Leading by Meaning. Die Generation Maybe Sinn-orientiert führen.* Berlin Heidelberg: Springer Verlag.

[7]Badura, Ducki, Schröder, Klose, & Meyer. (2018). *Fehlzeiten-Report 2019: Sinn erleben – Arbeit und Gesundheit.* Berlin Heidelberg.

[8]Stewart, J. S., Oliver, E. G., Cravens, K. S., & Oishi, S. (2017). Managing millennials: Embracing generational differences. *Business Horizons, 60*(1), 45–54. https://doi.org/10.1016/j.bushor.2016.08.011.

[9]Malik, F. (2014). *Führen Leisten Leben: Wirksames Management für eine neue Welt.* Campus Verlag.

Fokus auf Ergebnisse

Wer sich bewusst regelmäßig die Ergebnisse seiner Tätigkeit vor Augen führt, empfindet Stolz auf das Erreichte und für seine persönliche Erfolge. Wie lässt sich das umsetzen?

Methode 1 Sprechen Sie wöchentlich die geleistete Arbeit und ihre konkreten Ergebnisse daraus an. Heben Sie besonders gute Ergebnisse bewusst hervor.

Beispiel aus der Produktion

Visualisieren Sie die Länder, in die die Produkte exportiert wurden, die Anzahl verkaufter Produkte, den verdienten Umsatz. ◄

Methode 2 Ermöglichen Sie Ihren Mitarbeitern, das Endprodukt ihrer Arbeit zu erleben.

Beispiel

Automobilzulieferer
Produzieren Sie Schrauben für Autos, zeigen Sie Ihren Mitarbeitern das Auto.

Krankenhaus
Sammeln Sie Bilder von genesenen Patienten. z. B. Bauarbeiter während der Arbeit nach geheiltem Beinbruch.

Lebensmittelproduktion
Zeigen Sie Bilder vom Produkt im Ladenregal. ◄

Fokus auf persönliche Weiterentwicklung
Junge Menschen haben ihre gesamte Karriere vor sich und sind dankbar, wenn sie ihren Marktwert steigern können. Wer das Gefühl hat, persönlich und fachlich stehen zu bleiben, wird keinen Sinn empfinden können.

- Beachten Sie die Feedbackregeln aus Tool 13 in Abschn. 5.2 und heben Sie regelmäßig hervor, welchen kurz- und langfristigen Lerneffekt eine bestimmte Aufgabe bietet. Ihre GenZ-Mitarbeiter werden es Ihnen danken, wenn sie lernen, welche Vorteile bestimmte (besonders unangenehme) Aufgaben in Zukunft bringen können („durch X lernst du Y und das wird dir in Zukunft bei Z besonders weiterhelfen").

- Zeigen Sie Entwicklungsmöglichkeiten im Unternehmen auf: Besprechen Sie, welche Entwicklungsmöglichkeiten Ihr Mitarbeiter in den nächsten drei Jahren hat. Stellen Sie einen Bezug zu realen Beispielen her: „Carlo aus dem Marketing war vor drei Jahren auf der gleichen Position wie du. Er hat dieselbe Ausbildung durchlaufen und ist jetzt Führungskraft."

5.4   Tool 15: Die Generation Z mit System motivieren

Motivation ist die Voraussetzung überdurchschnittlicher Leistungen und damit unverzichtbar für jede erfolgreiche Unternehmung. Die arbeitspsychologische Forschung untersucht seit Jahrzehnten, wie man Menschen am Arbeitsplatz motivieren kann. Obwohl diese Frage bislang noch nicht exakt beantwortet wurde, gibt es einige Modelle, die es Ihnen ermöglichen, im Arbeitskontext die Motivation Ihrer Mitarbeiter und auch Ihrer GenZ-Kollegen zu verstehen. Eines der bekanntesten ist das zwei-Faktoren Modell, in dem Motivation aus Hygiene-faktoren und Motivationsfaktoren besteht[10].

Hygienefaktoren
Sind Dinge, die dafür sorgen, dass zunächst keine Unzufriedenheit besteht. Dazu gehört z. B. ein angemessenes Gehalt, wenig Bürokratie, gute Beziehungen zu Kollegen und zur Führungskraft. Fehlende Unzufriedenheit ist aber nicht gleich Motivation. Hygienefaktoren sind nur das Fundament, das gegeben sein muss, damit Motivation entstehen kann[11]. Hygienefaktoren erkennen Sie daran, dass Sie Ihren Job mittelfristig kündigen würden, sobald diese Faktoren plötzlich nicht mehr gegeben wären.

Motivationsfaktoren
Sind Dinge, die Sie bei Ihrer Arbeit begeistern und Dinge, durch die Sie das Gefühl bekommen, dass Ihre Leistung das Unternehmen voranbringt. Außerdem zählt dazu alles, wodurch Sie sich bei der Arbeit persönlich zum Positiven weiterentwickeln

---

[10]Bassett-Jones, N., & Lloyd, G. C. (2005). Does Herzberg's motivation theory have staying power? *Journal of Management Development, 24*(10), 929–943. https://doi.org/10.1108/02621710510627064.

[11]Becker, F. (2019). Herzbergs Zwei-Faktoren-Theorie der Motivation. In *Mitarbeiter wirksam motivieren* (pp. 57–65). Berlin, Heidelberg: Springer Berlin Heidelberg. https://doi.org/10.1007/978–3–662–57838–4_8.

können[12]. Überlegen Sie einmal kurz für sich: Was sind Ihre persönlichen Motivationsfaktoren?

Wie finde ich die Motivationsfaktoren meiner Generation Z-Kollegen heraus?

Ist bekannt, welche Hygiene- und Motivationsfaktoren für die Generation Z wichtig sind? Darauf gibt es keine Pauschalantwort. Deshalb sollten Sie mit Ihren GenZ-Kollegen ins Gespräch gehen, um deren individuelle Faktoren herauszufinden.

Nutzen Sie die folgenden zwei Fragen:

> 1. Was müsste passieren, damit Du deinen Job mittelfristig kündigst? (Hygienefaktoren)
> 2. Wann hast du richtig Spaß bei der Arbeit? (Motivationsfaktoren)

Beide Fragen sollten sich auf Arbeit im Allgemeinen beziehen und nicht nur auf den aktuellen Job Ihres Kollegen. Womöglich hat er in der Vergangenheit Dinge getan, die ihn motiviert haben, die beim aktuellen Job aber bislang nicht im Blick waren. Das zu wissen, kann für Sie eine wichtige Information darstellen.

Ein Beispiel für motivieren mit System

Leandra ist 23 Jahre alt und hat als Junior-Consultant bei einer großen Beratung angefangen. Nach acht Wochen lädt Ihre Chefin Julia sie in ein erstes Entwicklungsgespräch ein, um mehr über ihre Motivation zu erfahren und sie damit künftig besser in passende Projekte einzuteilen. Sie stellt ihr die obenstehenden Fragen zu den Hygiene- und Motivationsfaktoren und erhält folgende Antworten:

Leandras Antworten auf Frage 1 (Hygienefaktoren)

„Mein Gehalt sinkt", „ich kann freitags nicht mehr aus dem Homeoffice arbeiten", „ich müsste nur noch im Office arbeiten und könnte nicht mehr beim Kunden vor Ort sein"

Leandras Antwort auf Frage 2 (Motivationsfaktoren):

---

[12]Bassett-Jones, N., & Lloyd, G. C. (2005). Does Herzberg's motivation theory have staying power? *Journal of Management Development, 24*(10), 929–943. https://doi.org/10.1108/02621710510627064.

„Wenn es ein Problem gibt und ich darauf selbstständig eine Antwort suche", „wenn ich mir Wissen aneigne und das dann weitervermitteln kann", „wenn ich Daten auswerten kann"

Ursprünglich hatte Julia geplant, Leandra bald auf ein Projekt zu einem Kunden in den Niederlanden zu schicken, von dem Sie tatsächlich immer erst freitags nach Deutschland zurückkommen würde. Aufgrund Leandras Antworten merkt Julia jetzt, dass sie viel besser in ein aktuelles Projekt passt, in dem komplexe Marktanalysen für einen Kunden durchgeführt werden. Julia hätte vor dem Gespräch mit Leandra anders entschieden. Jetzt kann sie Leandra ihre Entscheidung begründen und hat mit höherer Wahrscheinlichkeit eine motivierte und zufriedenere Mitarbeiterin. ◄

Notieren Sie unbedingt die Ergebnisse denn…

- … Sie können die gewünschten Faktoren aus der Befragung in künftigen Mitarbeitergesprächen regelmäßig abgleichen. So bekommen Sie einen guten Einblick, wie sich Ihr Mitarbeiter weiterentwickelt und verändert.
- … Motivationsfaktoren ändern sich vor allem bei jungen Mitarbeitern. Aktualisieren Sie deshalb immer wieder die Ergebnisse und fragen Sie gezielt nach Veränderung: „Letztes mal hast du mir die folgenden Motivationsfaktoren genannt: […]. Ist seitdem etwas dazugekommen, was dir richtig Spaß gemacht hat?"

5.5   Tool 16: Nehmen Sie die Verantwortung aus der Verantwortung

Es wird der Generation Z oft unterstellt, nur eingeschränkt Verantwortung am Arbeitsplatz übernehmen zu wollen[13]. Diese Unterstellung muss unserer Meinung nach differenziert betrachtet werden: Eigene Entscheidungen treffen, alleine für seine Taten geradestehen oder zu führen – also Verantwortungsübernahme – ist etwas, das gelernt werden muss. Die Generation Z kennt jedoch ein Elternhaus, das ihnen viele Entscheidungen abnimmt und ein Bildungssystem, das junge Menschen mit wenig praktischer Erfahrung in die Arbeitswelt

---

[13]Scholz, C. (2014). *Generation Z-Wie sie tickt, was sie verändert und warum sie uns alle ansteckt.* Weinheim: Wiley-VCH.

entlässt[14,15]. Deshalb kann die Generation Z Verantwortungsübernahme vor dem Berufseinstieg noch gar nicht in ausreichender Form gelernt haben und musste es auch nicht. Da gerade die Berufswelt nicht ohne Verantwortungsübernahme funktioniert, wird dieses Problem unglücklicherweise bei Ihnen als einem der ersten Arbeitgeber sichtbar. Deshalb müssen Sie den jungen Arbeitnehmern Verantwortungsübernahme am Arbeitsplatz beibringen und sie schrittweise daran gewöhnen[16,17]. Das gelingt Ihnen durch ein praxisorientiertes Tool zur Persönlichkeitsentwicklung: Das Drei-Zonen-Modell.

Was ist das Drei-Zonenmodell?
Dieses Modell beschreibt, unter welchen Bedingungen wir am besten lernen und uns weiterentwickeln können. Es ist in Abb. 5.2 dargestellt und umfasst folgende Zonen:

Komfortzone
Umfasst alle Tätigkeiten, die wir mit Sicherheit und Routine ausüben, die für uns keine wirkliche Herausforderung darstellen und bei denen wir uns wohlfühlen. Hier findet wenig Lernen statt, da die Tätigkeiten bereits bekannt sind.

Entwicklungszone
Umfasst alle Tätigkeiten, bei denen Routinen durchbrochen und neue Erfahrungen gemacht werden. Diese Tätigkeiten werden als herausfordernd, aber noch machbar empfunden. Hier werden die größten Lernfortschritte gemacht.

Angstzone
Umfasst alle Tätigkeiten, die völlig unklar oder unbekannt sind und bei denen starke Überforderung entsteht. In dieser Zone ist Lernen unmöglich.

---

[14]Klaffke, M. (2014). Millennials und Generation Z – Charakteristika der nachrückenden Arbeitnehmer-Generationen. In *Generationen-Management* (pp. 57–82). Wiesbaden: Springer Fachmedien Wiesbaden. https://doi.org/10.1007/978–3-658–02325-6_3.

[15]Schroth, H. (2019). Are You Ready for Gen Z in the Workplace? *California Management Review, 61*(3), 5–18. https://doi.org/10.1177/0008125619841006.

[16]Klaffke, M. (2014). Millennials und Generation Z – Charakteristika der nachrückenden Arbeitnehmer-Generationen. In *Generationen-Management* (pp. 57–82). Wiesbaden: Springer Fachmedien Wiesbaden. https://doi.org/10.1007/978–3-658–02325-6_3.

[17]Schroth, H. (2019). Are You Ready for Gen Z in the Workplace? *California Management Review, 61*(3), 5–18. https://doi.org/10.1177/0008125619841006.

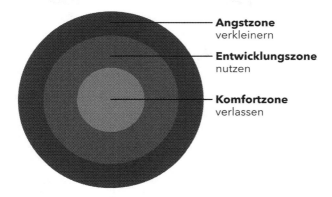

Abb. 5.2   Das Zonenmodell

Wie können Sie das Drei-Zonenmodell für sich nutzen?
Aus Sicht der meisten jungen Arbeitnehmer liegt Verantwortungsübernahme tendenziell in der Angstzone, da sie ungewohnt ist und eine unkontrollierbare Situation darstellt. Das Ziel ist, dass Verantwortungsübernahme zu einem Teil der Komfortzone Ihrer GenZ-Kollegen wird. Das schaffen Sie durch die kommenden drei Schritte. Jeder der Schritte ist mit einem Beispiel versehen, das sich auf folgende fiktive Situation bezieht:

> **Beispielsituation**
>
> Sie arbeiten als Führungskraft in einer Marketingagentur und haben einen Mitarbeiter der Generation Z in Ihrem Team. Demnächst steht die Präsentation einer Projektidee beim Kunden vor Ort an. Sie geben Ihrem GenZ-Mitarbeiter erstmals die Möglichkeit, die Präsentation selbstständig auszuarbeiten und zu präsentieren. ◄

Schritt 1: Ebnen Sie den Weg aus der Komfortzone

Betrachten Sie den Best-Case Verdeutlichen Sie Ihren GenZ-Kollegen die konkreten Vorteile, die er durch das Verlassen seiner Komfortzone erhält. Diese können Sie z. B. auf verschiedene Kategorien wie berufliche Faktoren, soziale Fertigkeiten und persönliche Entwicklung beziehen. Wer sich konkrete positive Entwicklungsschritte vor Augen führen kann, wird seine Komfortzone eher verlassen. In Abb. 5.3 sehen Sie ein Beispiel für das Betrachten des Best-Cases:

Wenn du die Präsentation übernimmst...	
Berufliche Faktoren	*...gewinnst du in der Firma an Reputation und der wichtige Kunde lernt dich persönlich kennen.*
Soziale Fertigkeiten	*...verbesserst du dich darin, vor anderen Menschen zu sprechen.*
Persönliche Entwicklung	*... hast du schon eine wirklich große Aufgabe hinter dir und kannst in Zukunft darauf aufbauen.*
...	...

Abb. 5.3 Beispiel Best-Case-Betrachtung

Betrachten Sie den Worst-Case Die Angst, unsere Komfortzone zu verlassen, ist meistens darin begründet, dass er sich eher auf die möglichen negativen Konsequenzen eines Misserfolgs konzentriert, als auf mögliche positive Konsequenzen eines Erfolgs[18]. Oft ist der Worst-Case jedoch nur halb so schlimm, wie wir ihn uns vorstellen. Fragen Sie deshalb Ihren GenZ-Kollegen nach seiner Befürchtung, was im schlimmsten Fall passieren kann: *„Was ist das schlimmste, was deiner Meinung nach passieren kann, wenn die Präsentation schiefgeht?"*. Nehmen Sie ihm unrealistische Sorgen, die ihn vom Verlassen der Komfortzone hindern.

Beispiel

Der junge Mitarbeiter befürchtet, im Fall eines Misserfolgs vorerst keine Chance mehr zu bekommen, sich beweisen zu dürfen. Sie weisen ihn darauf hin, dass das Projekt natürlich möglicherweise scheitern könnte, Sie ihm aber auf jeden Fall weiterhin verantwortungsvolle Aufgaben geben, da Sie Vertrauen in sein Potential haben und er auch Fehler machen darf. ◄

Schritt 2: Verkleinern und vermeiden Sie die Angstzone

Bieten Sie Checklisten an Wenn Sie die Befürchtung haben, dass sich für Ihren GenZ-Kollegen eine neue Aufgabe in dessen Angstzone befindet, bieten Sie Checklisten an, auf die er freiwillig zurückgreifen kann. Mit Checklisten können Sie Tätigkeiten aus der Angstzone in die Entwicklungszone holen, weil

---

[18]Rozin, P., & Royzman, E. B. (2001). Negativity Bias, Negativity Dominance, and Contagion. *Personality and Social Psychology Review, 5*(4), 296–320. https://doi.org/10.1207/S15327957PSPR0504_2.

Checkliste für Projekt "Präsentation beim Kunden"		
Kategorie	**Frage**	**Erledigt**
Technik	*Ist die Laptoptasche vollständig gepackt? (Ladekabel, Presenter, Laptop, USB-Stick)*	
Vorbereitung	*Wurde eine Vier-Augen-Prüfung der Präsentation durchgeführt?*	
Inhalte der Präsentation	*Wird der Nutzen des Produkts ausreichen vermittelt, ist die Abgrenzung zur Konkurrenz klar?*	
...	...	

Abb. 5.4 Checkliste Präsentation beim Kunden

sie Sicherheiten geben, die in der Angstzone sonst nicht vorhanden ist. Inhalte für eine Checkliste bezogen auf unser Beispiel könnten folgendermaßen aussehen (Abb. 5.4):

Teamarbeit fördern Verantwortungsübernahme fällt im Team deutlich einfacher, weil der eigene Selbstwert im Fall eines Misserfolgs weniger stark bedroht ist[19]. Mögliche Misserfolge sind auf alle Teammitglieder und nicht nur auf einen selbst zurückzuführen.

Beispiel

Nachdem Sie erkannt haben, dass die Konzeption und Präsentation der Projektidee für Ihren GenZ-Mitarbeiter in der Angstzone liegen, haben Sie ihm einen Kollegen zur gemeinsamen Bewältigung der Aufgabe zur Seite gestellt. ◄

Schritt 3: Die Entwicklungszone zur Komfortzone machen

Gezielt Verhalten verstärken Wie bekommen Sie Ihren Gen-Z-Kollegen dazu, sich öfter in der Entwicklungszone aufzuhalten? Indem Sie dafür sorgen, dass er sich dabei wohlfühlt. Das schaffen Sie durch wiederholendes Loben. Wenn der Mensch konsistent und über einen längeren Zeitpunkt bei einer bestimmten Handlung gelobt, bzw. verstärkt wird, ist die Wahrscheinlichkeit hoch, dass er

---

[19]El Zein, M., Bahrami, B., & Hertwig, R. (2019). Shared responsibility in collective decisions. *Nature Human Behaviour, 3*(6), 554–559. https://doi.org/10.1038/s41562-019–0596-4.

dieses Verhalten immer wieder zeigt[20]. Ihr Kollege beginnt damit, sich wohl-zufühlen und wird die Handlung wiederholen. Orientieren Sie sich dabei am Feedback-Tool in Abschn. 5.2.

Bei Misserfolg: Teilergebnisse loben Nicht jeder Ausflug in die Entwicklungs-zone wird mit einem Erfolg belohnt. Manchmal wird das gewünschte Ziel nicht erreicht. Loben und betonen Sie in diesem Fall, wenn möglich, gute Teilschritte. Trennen Sie also das negative Endergebnis von positiven Schritten zu diesem Ergebnis. Somit sorgen Sie dafür, dass der Ausflug Ihres Gen-Z-Kollegen in die Entwicklungszone nicht als ausschließlich negative Erfahrung abgespeichert und künftig kategorisch vermieden wird.

Beispiel

Die Projektpräsentation war nicht erfolgreich. Sie weisen dennoch darauf hin, dass der Präsentationsaufbau gut und die Konzeptionsphase produktiv war. ◄

5.6 Tool 17: Gesund führen

Ein gewichtiger Grund, der die Generation Z langfristig an Arbeitgeber bindet, ist psychische Gesundheit am Arbeitsplatz[21]. Deshalb sollten Sie dieses Thema in Ihrem Unternehmen etablieren und dann sichtbar platzieren. Sie profitieren dabei als Arbeitgeber nicht nur davon, dass Sie für die Generation Z an Attraktivität gewinnen, sondern auch davon, dass gesunde Mitarbeiter schlichtweg produktiver sind.[22]

Führen Sie immer Krankenrückkehrgespräche, sogar wenn Ihr Mitarbeiter nur einen Tag krankgemeldet war
Dafür müssen sie nicht jedes Mal einen formellen Rahmen wählen. Gerade bei einer kurzen Abwesenheit reicht ein kurzes Nachfragen auf dem Flur oder beim

---

[20]Schein, C., Jackson, J. C., Frasca, T., & Gray, K. (2019). Praise-many, blame-fewer: A common (and successful) strategy for attributing responsibility in groups. *Journal of Experimental Psychology: General*. https://doi.org/10.1037/xge0000683.

[21]Mind Share Partners. (2019). *Mental Health At Work*.

[22]Lim, D., Sanderson, K., & Andrews, G. (2000). Lost productivity among full-time workers with mental disorders. *The Journal of Mental Health Policy and Economics, 3*(3), 139–146. https://doi.org/10.1002/mhp.93.

Vorbeigehen am Arbeitsplatz aus. Fragen Sie, ob es Ihrem Kollegen wieder besser geht und ob er noch Unterstützung von Ihnen benötigt. Dadurch bekommt Ihr Kollege den Eindruck, dass Sie an seiner Gesundheit interessiert sind.

Nehmen Sie Veränderungen wahr

Psychische Erkrankungen gehen oft mit einer Veränderung des Verhaltens (z. B. unpünktlich), der Emotionen (z. B. reizbarer), der Leistung (z. B. Qualität sinkt) oder des Aussehens (z. B. Körperhaltung) einher. Achten Sie vor allem auf diese Veränderungen. Wenn ein stiller Mitarbeiter plötzlich aufbrausend ist oder ein sonst gepflegter Mitarbeiter über mehrere Tage ungepflegt in die Arbeit kommt, ist es wichtig, nachzufragen. Folgende Formulierung ist für das Beispiel „Qualität sinkt": *„Ich kenne dich als zuverlässigen und leistungsstarken Mitarbeiter. In der letzten zwei Wochen habe ich wahrgenommen, dass dir mehrere Fehler unterlaufen sind, die ich so nicht von dir kenne, u. a. der Fehler in der Präsentation am Montag. Gibt es einen Grund für diese Veränderung?"* Wählen Sie dafür einen ruhigen Rahmen und blocken Sie sich mindestens eineinhalb Stunden, damit Sie bei längerem Gesprächsbedarf nicht unterbrechen müssen. Sie müssen selbstverständlich die eineinhalb Stunden nicht voll ausnutzen.

Wichtig dabei ist:

▷   Sie können nicht die psychischen Probleme Ihrer Mitarbeiter lösen. Dafür gibt es professionelle Fachkräfte.

▷   Häufig haben Führungskräfte Angst, durch das Ansprechen von offensichtlichen Problemen eine psychische Erkrankung auszulösen. Das ist tatsächlich nicht möglich. Psychische Erkrankungen sind komplex und entstehen nicht durch ein interessiertes Nachfragen von Ihrer Seite. Trauen Sie sich deshalb, in ein Gespräch mit betroffenen Mitarbeitern zu gehen.

Kultivieren

6

6.1 Tool 18: Vergessen Sie nicht Ihre eigenen Erfolge

Die jungen Arbeitnehmer haben durch die demografische Situation viele Möglichkeiten, sich ihre Stellen auszusuchen. Warum sollten sie also bei dem Unternehmen bleiben, die immer nur die eigenen Nachteile herausstellen? Viele Unternehmen vergessen es, stolz auf ihre eigenen Erfolge zu sein. Setzen Sie deshalb den Fokus bewusst auf positive Aspekte.

Positives verstärken

- Feiern Sie Teilerfolge: Gerade in einem langen Prozess ist es wichtig, kleine Erfolge zu feiern. Definieren Sie Zwischenziele und feiern Sie diese. Es reicht z. B. bereits eine kurze Mail, in der alle über den Teilerfolg informiert werden.
- Visualisieren Sie aktuellen Erfolg: Zeigen Sie grafisch den Erfolg des Einzelnen oder des Teams auf. Das kann mit einer Veränderungslinie oder markieren von Meilensteinen erfolgen.
- Kommunizieren Sie auch vergangene Erfolge. Zeigen Sie, was Sie bis zum jetzigen Zeitpunkt als Unternehmen oder Abteilung geleistet haben.

Positives nach dem Aber
Oft nutzen wir „Aber-Sätze" um zwei Seiten eines Sachverhaltes zu kommunizieren. Das Aber ist dabei häufig der Auftakt für die negativen Aspekte. So steht das negative dann am Ende einer Botschaft. Da der Einfluss von negativen Aspekten oft schwerer wiegt, überlagert der negative Sachverhalt am Satzende den positiven Sachverhalt am Satzanfang. Sie können diesen Effekt abschwächen, indem Sie bewusst das Positive nach dem „aber" platzieren.

© Der/die Herausgeber bzw. der/die Autor(en), exklusiv lizenziert durch
Springer Fachmedien Wiesbaden GmbH, ein Teil von Springer Nature 2020
L. Schlotter und P. Hubert, *Generation Z – Personalmanagement und Führung,*
essentials, https://doi.org/10.1007/978-3-658-31250-3_6

> **Beispiel**
>
> „Die Corona-Krise wird unsere Einnahmen in den nächsten Jahren dauerhaft senken, aber wir haben die schlimmste Phase überstanden", vs. „Wir haben die schlimmste Phase der Corona-Krise überstanden, aber sie wird unsere Einnahmen in den nächsten Jahren dauerhaft senken." ◄

> ▷ Das Umstellen von „Aber Sätzen" vermittelt ein positiveres Bild, ohne die Realität zu verzerren.

6.2   Tool 19: Smartphone versus Performance

Für die Generation Z ist „Online-Sein" Normalzustand: 99 % besitzen ein eigenes Smartphone.[1] Durchschnittlich wird es vier Stunden am Tag genutzt.[2] Die Smartphonenutzung im Beruf ist ein zweischneidiges Schwert: Ein generelles Verbot wird Sie als unattraktiven Arbeitgeber erscheinen lassen. Denn ein Verbot des „Normalzustands", wird als Eingriff in die persönliche Freiheit empfunden.[3] Die Nutzung an sich kann aber negative Auswirkungen auf Produktivität und Konzentration Ihrer GenZ-Mitarbeiter haben.

Warum? Das Smartphone verhindert konzentrierte Arbeit[4]: Liegt das Smartphone auf dem Schreibtisch ist es fast unmöglich, einen fokussierten Arbeitszustand zu erreichen und zu halten. Tatsächlich kostet bereits die reine Anwesenheit des Smartphones in Reichweite „kognitive Reserven": Denn ein Teil unseres Gehirns ist damit beschäftigt, sich bewusst nicht ablenken zu lassen.[5]

---

[1]Feierabend, S., Rathgeb, T., & Reutter, T. (2020). *JIM 2019 – Jugend, Information, Medien Basisuntersuchung zum Medienumgang 12- bis 19-Jähriger in Deutschland.*

[2]Hurrelmann, K. (2019). *Jugend 2019 18. Shell Jugendstudie.* (G. Quenzel, Ed.), *Eine Generation meldet sich zu Wort.* 69 469 Weinheim: Beltz Verlagsgruppe.

[3]BMFSFJ. (2016). *Wertewandel in der Jugend und anderen gesellschaftlichen Gruppen durch Digitalisierung.* Retrieved from https://www.bmfsfj.de/blob/111558/4eaae8f22ae4f5 91b551a2a9df5c5c4d/wertewandel-in-der-jugend-und-anderen-gesellschaftlichen-gruppen-durch-digitalisierung-data.pdf.

[4]Duke, É., & Montag, C. (2017). Smartphone addiction, daily interruptions and self-reported productivity. *Addictive Behaviors Reports*, 6(September), 90–95. https://doi.org/10.1016/j.abrep.2017.07.002.

[5]Ward, A. F., Duke, K., Gneezy, A., Bos, & W., M. (2017). Brain Drain- The Mere Presence of One's Own Smartphone Reduces Available Cognitive Capacity. *JACR*, 2(2). https://doi.org/10.1086/691462.

Aus diesem Grund ist es wichtig, sich Gedanken darüber zu machen, Smartphones in den beruflichen Alltag klug zu integrieren. Je weniger Ihre GenZ-Mitarbeiter abgelenkt werden, desto besser deren Leistung und damit auch deren Effektivität.

Beachten Sie folgende Punkte für effektive Smartphonepolitik

- Ein generelles Verbot ist kontraproduktiv und unüblich. Freie Internet- und Smartphonenutzung wird von über 50 % der GenZ als Must-have angesehen.[6] Trotzdem können für bestimmte Situationen klare Verbote (z. B. im Kundenkontakt) oder Richtlinien (z. B. keine Smartphonenutzung in Besprechungen) aufgestellt werden.
- Bieten Sie Smartphoneschränke an: Das sind platzsparende Schränke mit z. B. 30 kleinen abschließbaren Fächern. Mitarbeiter können ihre Smartphones dort freiwillig lagern, vor allem wenn Sie Konzentrationsphasen planen. Bereits die örtliche Trennung vom Smartphone ermöglicht längere Konzentrationsphasen und reduziert die Ablenkung.[7]
- Viele wissen nicht, dass Smartphones einen Arbeitsmodus zur besseren Konzentration anbieten. Zeigen Sie diese Möglichkeiten auf. (z. B. „Nicht stören" bei iPhone, „Arbeitsmodus bei Android).

6.3   Tool 20: Die richtige innere Haltung

In den vorherigen Tools haben wir Ihnen konkrete Handlungstipps gegeben. In diesem Tool geht es um Ihre persönliche innere Haltung. Dazu geben wir Ihnen psychologische Grundhaltungen mit, die Ihnen die Arbeit mit der Generation Z durch besseres Verständnis deutlich unkomplizierter machen wird. Wenn Sie in Zukunft in der Zusammenarbeit mit der Generation Z Gefühle wie Ungeduld, Unverständnis, Ärger und generelles Missverständnis verspüren, schauen Sie sich nochmals diese inneren Haltungen an.

---

[6]Schlotter, L. (2019). *Generationenkompass 2019.*

[7]Ward, A. F., Duke, K., Gneezy, A., Bos, & W., M. (2017). Brain Drain- The Mere Presence of One's Own Smartphone Reduces Available Cognitive Capacity. *JACR*, *2*(2). https://doi. org/10.1086/691462.

Innere Haltung 1: Wertschätzung first, Leistung second
Ältere Generationen kennen es so: Am Arbeitsplatz bekommt man Wertschätzung, nachdem man Leistung gezeigt hat. Für die Generation Z gilt dieses Verhältnis umgekehrt: Ohne grundlegende Wertschätzung keine Leistung. Wertschätzung darf aber nicht mit Anerkennung verwechselt werden. Anerkennung bezieht sich auf eine explizite Tätigkeit und meint Lob oder Kritik. Wertschätzung bezieht sich immer auf die Person und meint Dinge wie Freundlichkeit, Nachfragen, Interessiert sein. Sehen Sie, dass die Generation Z genauso leistungsfähig ist wie andere Generationen, Sie aber mit Ihrer Wertschätzung in Vorleistung gehen müssen.

Innere Haltung 2: Auch die Generation Z hat Sorgen und Ängste
Wir hören in Workshops oft Sätze wie: „Die haben doch alles, die haben keinen Grund sich zu beschweren" oder „Die Jungen profitieren heute davon, dass wir früher viel härter arbeiten mussten". Diese Wahrnehmung rührt daher, dass es früher erlebte Probleme, die für ältere Generationen in der Jugendphase prägend waren, für die Generationen Z gar nicht mehr gibt. Und es stimmt: Der Generation Z geht es materiell so gut wie keiner Jugendgeneration zuvor.[8] Dennoch hat jede Generation beim Aufwachsen mit eigenen Herausforderungen zu kämpfen, die sich aus dem Zeitgeist ergeben. Bezogen auf die Generation Z können diese z. B. sein:

- Optionenvielfalt: Über 20.000 verschiedene Studiengänge.
- Klimawandel: Zerstörung unserer Lebensgrundlage.
- Bildungsdruck: Studium in vielen Fällen Voraussetzung, um einen Job zu bekommen.
- Wenig Planbarkeit: Die eigene berufliche Biografie lässt sich nicht verlässlich langfristig planen.
- „Fear Of Missing Out": Social Media erzeugt den Druck, das eigene Leben möglichst besonders und aufregend zu gestalten.[9]

---

[8]Klaffke, M. (2014). Millennials und Generation Z – Charakteristika der nachrückenden Arbeitnehmer-Generationen. In *Generationen-Management* (pp. 57–82). Wiesbaden: Springer Fachmedien Wiesbaden. https://doi.org/10.1007/978-3-658-02325-6_3.
[9]DIVSI. (2018). DIVSI U25-Studie: Euphorie war gestern: Die "Generation Internet" zwischen Glück und Abhängigkeit, 112.

Begehen Sie deshalb nicht den Fehler, aus Sicht Ihrer eigenen Vergangenheit die Lebenssituation der Generation Z zu bewerten. Erkennen Sie an, dass Sie nicht alle Sorgen und Ängste der Generation Z nachvollziehen können.

Innere Haltung 3: Es wird sich langfristig für Ihre Organisation auszahlen
Was die Generation Z heute von der Arbeitswelt fordert, wird sich als Selbstverständlichkeit etablieren. Das bedeutet: Wenn Sie die Tools aus diesem Buch umsetzen, profitieren Sie nicht nur jetzt, sondern auch in den kommenden Jahren. Sie bilden damit die Grundlage, sich langfristig als zukunftsorientierter und moderner Arbeitgeber aufzustellen. Vergessen Sie deshalb nicht, dass Sie manche Früchte Ihrer heutigen Arbeit erst mittelfristig zu sehen bekommen.

Innere Haltung 4: Jede Generation bringt uns weiter
So wie jeder Mensch unterschiedlich ist, sind auch Generationen unterschiedlich. Akzeptieren Sie, dass Sie nicht alle Denkweisen und Prägungen der Generation Z verstehen können und andersrum, dass die Generation Z nicht alle Ihre Ansichten verstehen kann. In unserer Gesellschaft ist es Normalität, dass Kultur und Tradition von Generation zu Generation nur bedingt weitergegeben werden. Jede neue Generation leitet automatisch in gewissen Bereichen einen Kulturbruch ein (z. B. in Fragen der Sexualität, Ökologie oder Lebensführung).[10] Dadurch ändern sich Denkweisen und Verhalten in der gesamten Gesellschaft. Hätten junge Generationen dieselben Wertvorstellungen wie die älteren Generationen, käme das gesellschaftlichem Stillstand gleich. Es ist also weder produktiv noch fortschrittlich, sich über die Andersartigkeit junger Generationen zu ärgern. Akzeptieren Sie deshalb, dass jede Generation anders tickt und unsere Gesellschaft gerade dadurch weiterbringt.

6.4   Tool 21: Von Mythen und Fakten

Das Thema junge Generationen ist in der Allgemeinheit sehr beliebt und spricht eine große Masse von Menschen an. Deshalb kursieren im Internet viele pseudowissenschaftliche Behauptungen und Meinungen zur Generation Z. Mit diesem Tool hinterfragen wir vier Mythen und möchten Ihnen damit zeigen, dass es besser ist, sich an verlässliche wissenschaftliche Fakten zu halten.

---

[10]Mannheim, K. (1928). Das Problem der Generationen. *Kölner Vierteljahreshefte Für Soziologie, 7*(2)), 157–185.

Mythos flache Hierarchien
Oft ist die Rede davon, dass die Generation Z flache Hierarchien fordere, u. a.[11]
Wie exakt flache Hierarchien in der Praxis aussehen sollen, bleibt unklar. Welche
Wunschvorstellungen von Hierarchie in Organisationen hat die Generation Z
überhaupt?

Fakt ist: In keiner größeren Studie zur Generation Z hatte das Thema
Hierarchien überhaupt Relevanz[12,13,14,15]. Wie wir in Tool 12 in Abschn. 5.1
beschreiben, geht es der Generation Z um ein Verhältnis auf Augenhöhe – das
wird oft mit flachen Hierarchien gleichgesetzt. So ein Verhältnis kann jedoch
genauso in einer streng hierarchisch strukturierten Organisation gelebt werden.

Mythos Mentoring
Mentoring wird oft als sehr effektives Werkzeug zur Personalentwicklung der
Generation Z genannt, u. a.[16] Mentoring bedeutet, dass ein erfahrener Mit-
arbeiter (Mentor) einen jüngeren Mitarbeiter (Mentee) bei seinem Berufsein-
stieg begleitet. Für die Generation Z wird außerdem oft das Reverse-Mentoring
(Mentee coacht Mentor) als erfolgreiche Lernform empfohlen, u. a.[17]

Fakt ist: Es gibt für die positive Wirkung von Mentoring eher Hinweise
als Beweise. Äußere Faktoren wie Persönlichkeitsmerkmale, Ähnlichkeit von
Mentor und Mentee, wahrgenommene Barrieren und die Macht des Mentors
in der Organisation haben einen starken Einfluss auf den Mentoring-Erfolg.

---

[11]Böhlich, S. (2019). Generation Z denkt überraschend anders. *Wirtschaftspsychologie
Aktuell*. Retrieved from https://www.wirtschaftspsychologie-aktuell.de/lernen/lernen-
20190122-lernen-von-susanne-boehlich-generation-z-denkt-ueberraschend-anders.html.

[12]Hurrelmann, K., Köcher, R., & Sommer, M. (2019). *Die McDonalds's Ausbildungsstudie
2019. Kinder Der Einheit. Same But (Still) Different!*

[13]Hurrelmann, K. (2019). *Jugend 2019 18. Shell Jugendstudie*. (G. Quenzel, Ed.), *Eine
Generation meldet sich zu Wort*. 69 469 Weinheim: Beltz Verlagsgruppe.

[14]Schlotter, L. (2020). *Generationenkompass 2020*. Augsburg.

[15]Steckl, M., Simshäuser, U., & Niederberger, M. (2019). Arbeitgeberattraktivität aus Sicht
der Generation Z. *Prävention Und Gesundheitsförderung*, *14*(3), 212–217. https://doi.
org/10.1007/s11553-019-00703-w

[16]Lashbrooke, B. (2019). Want More From Generation Z? Mentor, Don't Manage Them.
Forbes.

[17]Schüler, A. M. (2017, August). Lassen Sie sich doch mal vom Azubi coachen. *Wirt-
schaftswoche*. Retrieved from https://www.wiwo.de/erfolg/management/reverse-mentoring-
lassen-sie-sich-doch-mal-vom-azubi-coachen/20160798.html.

Ein „Erzwingen" von Mentoring schwächt diesen ohnehin schwachen Effekte weiter ab. Bei Reverse-Mentoring besteht zudem die Gefahr, Unverständnis bei älteren Generationen auszulösen. Es braucht sehr gute Begründungen für die Frage: „Warum soll ich als Erfahrener von einem Berufseinsteiger lernen?". Verschwenden Sie also nicht Zeit und Ressourcen darauf, ein Mentoring-System zu etablieren. Austausch über verschiedene Generationen ist wichtig. Dieser entsteht aber auf natürlichem Wege bei der Arbeit selbst oder kann durch informellen Kontakt in der Kaffeeküche, beim Mittagessen oder auf Firmenevents gefördert werden.[18]

Mythos digitale Lernrevolution

In der Weiterbildungsbranche wird gerne damit geworben, wie neue Technologien das Lernen grundlegend verändern werden, u. a.[19] Durch ständiges Nutzen des Smartphones und sozialer Medien seien die Jugendlichen beim Lernen stark auf Bewegtbild fokussiert, möchten nur noch online und in kleinen Häppchen lernen. Darüber hinaus heißt es, diese Generation hätte durch die intensive Smartphonenutzung eine verkürzte Aufmerksamkeitsspanne von acht Sekunden.

Fakt ist: Es nutzen über 40 % Youtube als „Suchmaschine" für Anleitungen, Tutorials und Nachhilfe zur eigenen Weiterbildung.[20] Es ist für diese Generation sicher üblicher, mit Bewegtbild zu lernen, als für ältere Generationen – dennoch würden sich über 70 % bei der Wahl zwischen einem Online-Kurs oder Präsenzkurs mit echten Teilnehmern für den Präsenzkurs entscheiden.[21] Zudem ist der Mythos der „8-s-Aufmerksamkeitsspanne" schon aus neurologischer Perspektive unrealistisch und wurde bereits widerlegt.[22] Sie müssen für die Generation Z Lernformate nicht vollkommen neu denken: Weiterbildung wird vor allem durch gute und auf die Teilnehmer zugeschnittene Inhalte effektiv. Und das, unabhängig von Offline-, Online-, Video- oder Präsenzformaten.

---

[18]Wihler, A. (2019). Mentoring von Erwerbstätigen in Organisationen (pp. 785–810). https://doi.org/10.1007/978-3-662-48750-1_29.

[19]Robes, J. (2018). Corporate Learning Trends 2019. Retrieved from https://weiterbildungsblog.de/blog/2018/09/19/corporate-learning-trends-2019-2/.

[20]Feierabend, S., Rathgeb, T., & Reutter, T. (2020). *JIM 2019 – Jugend, Information, Medien Basisuntersuchung zum Medienumgang 12- bis 19-Jähriger in Deutschland.*

[21]Schlotter, L. (2020). *Generationenkompass 2020.* Augsburg.

[22]Bradbury, N. A. (2016). Attention span during lectures: 8 s, 10 min, or more? *Advances in Physiology Education, 40*(4), 509–513. https://doi.org/10.1152/advan.00109.2016.

Mythos Work Life Separation

Nachdem die Generation Y viel Wert auf Work-Life-Balance gelegt hat, sei der Generation Z nun Work-Life-Separation besonders wichtig.[23] Das bedeutet, dass Freizeit und Arbeitszeit strikt voneinander getrennt werden müssen. Diese weitverbreitete Annahme lässt sich bislang nicht durch verlässliche Daten stützen.

Fakt ist: Die Generation Z legt, genau wie die Generation Y, besonders großen Wert auf flexible Arbeitszeiten.[24] Die Behauptung, dass nach Arbeitsschluss Kontakt zum Arbeitgeber ein absolutes No-Go sei, ist falsch. Zwar ist die Generation Z besonders dafür sensibilisiert, dass zu viel Stress am Arbeitsplatz ungesund ist und Freizeit als Ausgleich wichtig ist. Außerhalb der Arbeitszeit für Vorgesetzte erreichbar sein oder nach Arbeitszeit mal noch die Mail vom Kollegen lesen – für den Großteil der Generation Z kein Problem.[25]

Einige letzte Hinweise für die Anwendung
Wir hoffen, dass Sie durch unsere Tools einen fundierten Einblick in das Thema Generation Z – Personalmanagement und Führung bekommen haben. Sicherlich haben Sie sich an einigen Stellen gedacht: Das ist ganz schön viel zu tun! Uns ist bewusst, dass nicht jeder Arbeitgeber alle Tools umsetzen kann. Deshalb unsere Empfehlung: Gehen Sie schrittweise ran und beginnen Sie mit den Tools, die für Sie am einfachsten zu realisieren sind.

---

[23]Scholz, C. (2014). *Generation Z-Wie sie tickt, was sie verändert und warum sie uns alle ansteckt.* Weinheim: Wiley-VCH.

[24]Schlotter, L. (2020). *Generationenkompass 2020.* Augsburg.

[25]Schlotter, L. (2019). *Generationenkompass 2019.*

Was Sie aus diesem *essential* mitnehmen sollen

- Generationen sind unterschiedlich geprägt und haben deshalb individuelle Erwartungen an die Arbeitswelt.
- Der Wettbewerb um junge hoch qualifizierte Fachkräfte wird sich in den nächsten Jahren verschärfen. Das erfordert verstärkte Bemühungen im Personalmanagement.
- Sie müssen sich um die Generation Z mehr bemühen, wie Sie es aus der Vergangenheit kennen: Nehmen Sie deshalb konsequent eine bewerberorientierte Sicht ein.
- Für die Generation Z muss sich Führung in vielen Bereichen verändern. Das ist eine Chance: Sie fordert ein Umdenken ein, das Ihren Arbeitsalltag nachhaltiger, persönlicher und produktiver machen wird.
- Die 21 modernen Managementtools stellen die Weichen für die Organisationskultur der Zukunft.

© Der/die Herausgeber bzw. der/die Autor(en), exklusiv lizenziert durch
Springer Fachmedien Wiesbaden GmbH, ein Teil von Springer Nature 2020
L. Schlotter und P. Hubert, *Generation Z – Personalmanagement und Führung,*
essentials, https://doi.org/10.1007/978-3-658-31250-3

Printed in the United States
By Bookmasters